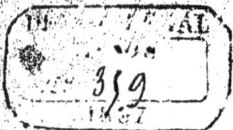

UN LIVRE DE FAMILLE

❧✦❧

GÉNÉALOGIE

DES

RIVÉRIEULX

LEUR DESCENDANCE PAR LES FEMMES
LEURS FIEFS ET SEIGNEURIES

Les ascendants

des enfants de Gabriel DE RIVÉRIEULX DE VARAX
et de Félicie DE LA CROIX-LAVAL

Leur descendance.

LYON
Imprimerie de MOUGIN-RUSAND
MVCCCXCVII

UN LIVRE DE FAMILLE

GÉNÉALOGIE

DES

RIVÉRIEULX

UN LIVRE DE FAMILLE

GÉNÉALOGIE

DES

RIVÉRIEULX

LEUR DESCENDANCE PAR LES FEMMES

LEURS FIEFS ET SEIGNEURIES

Les ascendants

des enfants de Gabriel DE RIVÉRIEULX DE VARAX

et de Félicie DE LA CROIX-LAVAL

Leur descendance.

LYON

Imprimerie de MOUGIN - RUSAND

MVCCCXCVII

de Riverieulx en Lyonnais et Beaujolais

*D'azur, à une rivière agitée d'argent en pointe,
surmontée d'un croissant du même.*

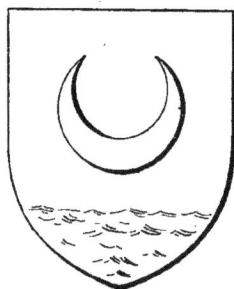

Tiré à petit nombre pour la famille

N° [illegible]

AVERTISSEMENT

CE livre est l'œuvre collective de diverses personnes, soit de la famille, soit étrangères ; si le rédacteur n'a pu parvenir à le rendre parfait, à cause de l'ampleur de son cadre, il approche cependant de la perfection, grâce aux bienveillantes communications de quelques érudits généalogistes de la région, en tête desquels il est juste de placer M. Amédée D'AVAIZE, qui se fait un plaisir de mettre à la disposition de ceux qui s'adressent à lui tout ce qu'il a collectionné sur les familles de Lyon et des environs.

De Rivérieulx
Comtes de Varax en Bresse
Barons de Chambost en Beaujolais
Seigneurs de Marcilly, Civrieux, Lozanne, Gage
Plambost, la Ferrandière, la Duchère
en Lyonnais et autres lieux.

CHAPITRE PREMIER

'ORIGINE la plus probable de la famille de Rivérieulx se trouve en Bourbonnais ; Saint-Allais, dans son *Nobiliaire universel,* dit qu'elle vient de Bourbon-l'Archambault ; les premiers membres de cette famille que l'on trouve à Lyon, y arrivèrent vers 1630 et étaient natifs de Jaligny, en Bourbonnais. Vers la même époque, ce nom se rencontre sur les registres paroissiaux de Verneuil, en Bourbonnais et de Saint-Chamond, en Lyonnais. Au xviiie siècle, les Rivérieulx jouirent à Lyon des plus hautes charges consulaires, ayant donné à cette ville deux prévôts des Marchands ; en possession aussi du service militaire, cette famille compte au moins vingt officiers, dont un maréchal de camp et cinq chevaliers de Saint-Louis. Plusieurs de ses membres ont exercé des charges en la Cour des monnaies, Sénéchaussée et Siège présidial de Lyon. A l'époque de la Révolution de 1793, elle se divisait en plusieurs branches, distinguées entre elles par leurs noms de fiefs, mais se ralliant toutes aux sentiments religieux et monarchiques, qui lui valurent cinq victimes de l'anarchie révolutionnaire, quatre dans la branche de Varax et une dans celle de Chambost. Elle se divise aujourd'hui en trois branches principales : l'aînée, qui porte simplement le nom patronymique de Rivérieulx, réside aux environs de Brest, en Bretagne ; la seconde, surnommée de Varax, a pour siège central le château de la Duchère, près de Lyon, et s'étend dans la Dombes, le Mâconnais, le Beaujolais, la Bresse châlonnaise et les Basses Marches du Bourbonnais. La troisième, dite de Chambost, vient de s'éteindre dans son rameau aîné, à Chambost-Longessaigne, mais subsiste toujours dans le Dauphiné et la Savoie.

I. Benoit RIVÉRIEULX, demeurant à Jaligny, en Bourbonnais, épousa Nicolle BÉRAUD, dont :

1° Jean Rivérieulx, dit La Croix, demeurant à Lyon, qui testa, le 14 juillet 1635, avec sa femme dame Catherine Trye, veuve de Jullien Torembert; ils élurent leur sépulture dans l'église des Cordeliers, devant l'autel de sainte Anne; Catherine Trye testa de nouveau le 29 avril 1648; elle était veuve de Jean Rivérieulx, dès le 12 mars de la même année, jour où Antoinette Rivérieulx, sa parente par alliance, qui demeurait chez elle à Lyon, fille de Benoît Rivérieulx et de Claudine Bruron, de Jaligny, demeurant alors au Donjon, fit contrat de mariage avec Noël Lay, habitant à Lyon, fils d'Etienne Lay, de Saint-Just-en-Chevallet, et de dame Bonne Masse;

2° Claude Rivérieulx, demeurant à Lyon, qui testa le 7 décembre 1635, avec sa femme dame Jeanne Burgnet;

3° Antoine, qui suit.

II. Antoine de RIVÉRIEULX naquit à Jaligny, en Bourbonnais, habitait à Lyon dès 1639 et se fit inscrire, le 5 décembre 1652, sur les registres des Nommées de cette ville. Il demeurait paroisse Saint-Paul, en 1663, vers la Polle Noire, et, en 1666, au Cheval Noir, au haut de la Boucherie Saint-Paul. Il fut recteur des hôpitaux de Lyon et membre du Tribunal de la Conservation de cette ville en 1670. En 1664, à l'entrée solennelle du cardinal Chigi à Lyon, il figure parmi les notables habitants, avec le blason suivant : d'argent, à une rivière agitée d'azur en pointe, surmontée d'un croissant de gueules. Par son testament du 12 mai 1676, il légua au grand Hôtel-Dieu de Lyon et à l'Aumône Générale de la Charité de cette ville, à chacun 500 livres ; aux Petites Écoles des garçons et des filles de la paroisse Saint-Paul 3.000 livres ; au monastère des Filles Pénitentes du quartier de Bellecour 500 livres. Il fit un codicille le 6 mars 1682 et mourut le 19 mars suivant, âgé de plus de 60 ans. Il avait épousé, par contrat du 18 janvier 1653, avec l'avis de noble Marc-Antoine Mazenod, son ami, demoiselle CLAUDINE BERTON, fille de Jean Berton, habitant à Lyon, et de demoiselle Philiberte Fevre, demeurant paroisse Saint-Pierre et Saint-Saturnin ; Claudine Berton testa les 10 mars 1654 et 31 octobre 1695, élut sa sépulture dans l'église de Saint-Laurent, paroisse de Saint-Paul, où elle fut inhumée, le 22 novembre 1695, à l'âge de 64 ans, après avoir donné à Antoine de Rivérieulx les enfants suivants :

1° Marc-Antoine, qui suit, auteur de la branche fixée en Bretagne.

2° Etienne, tige des branches de Varax et de Chambost, qui aura son article plus loin.

3° Marie, baptisée à Saint-Paul le 22 août 1657, filleule d'Etienne Berton conseiller du Roi au Présidial de Lyon, et de dame Marie Joanin, femme de messire Pierre Cholier, conseiller au Présidial de Lyon ; elle était, en 1682, religieuse professe au monastère de Saint-Benoît de Lyon.

4° Etiennette, baptisée à Saint-Paul le 2 octobre 1658, filleule de Genis du Mas, sieur de la Part-Dieu, et d'Etiennette Berton, femme de Marc-Antoine Mazenod ; elle testa le 12 août 1682 étant novice au monastère de Saint-Benoît de Lyon, où elle fut reçue ledit jour et où elle devint ensuite professe.

5° Françoise, baptisée à Saint-Paul le 22 juillet 1661, filleule de Louis Vagniaud et de Françoise Berton, veuve de M. Cantuel ; elle mourut en bas âge.

6° Marguerite, baptisée à Saint-Paul le 17 juillet 1662, filleule d'Etienne du Mas et de Marguerite Caimis, femme d'Hugues Mey ; elle fut religieuse professe au monastère de Saint-Benoît de Lyon, où elle fut reçue le 6 octobre 1680.

7° Hugues de Rivérieulx de la Sablière, baptisé à Saint-Paul le 22 octobre 1663, filleul d'Hugues Mey, et de damoiselle Bertrande Cantuel, femme du sieur La Forest; il testa le 23 avril 1696, étant l'un des gardes du Roi, devint ensuite capitaine d'infanterie et fut tué, en 1705, pendant la guerre de la succession d'Espagne.

8° Pierre, ondoyé à la maison, à cause de maladie; il reçoit le Saint-Chrême; baptisé à Saint-Paul, le 5 janvier 1671, il eut pour parrain et marraine messire Pierre de Suduyraud, seigneur des Allymes et Gy, chevalier, trésorier de France à Lyon, et Marie Blauf, femme du conseiller Berton; il fut inhumé, le 12 janvier 1677, dans la grande cave de Saint-Laurent, âgé d'environ 11 ans, ayant été pris à la maison du sieur Chana, au Cheval Noir, près la Boucherie Saint-Paul;

9° François, baptisé à Saint-Paul, le 25 mars 1666, filleul de François Cantuel et de demoiselle Catherine Mazenod; il mourut jeune;

10° Jean-Baptiste, baptisé à Saint-Paul, le 28 septembre 1667, filleul de Jean-Baptiste de la Forcade et de Françoise Berton, femme d'Hiérôme Vialis, il décéda enfant;

11° Messire Charles de Rivérieulx de la Ferrandière, seigneur de la Ferrandière; baptisé à Saint-Paul, le 11 mars 1669, il eut pour parrain et marraine Charles Perrin et Suzanne Malmont, femme d'Antoine Mey, avocat en Parlement; il acheta, le 31 décembre 1698, moyennant 22.500 livres, une charge de conseiller du Roi en la Sénéchaussée et Siège présidial de Lyon. Il possédait en cette ville la maison de l'Aigle d'Or, par indivis avec les enfants de son frère Marc-Antoine de Rivérieulx;

12° Pernette, baptisée à Saint-Paul, le 25 juillet 1670, filleule de Bernardin Reynon et de Pernette Périer, femme de Jacques Mey; elle épousa d'abord, par contrat du 19 avril 1692, à Saint-Paul, le 21 avril suivant, Jean-Baptiste Perrin, de la paroisse de Saint-Nizier, inhumé en grande procession à Saint-Nizier, le 7 décembre 1694, fils de Charles Perrin et de demoiselle Sibille Pichon; elle se remaria à Saint-Paul, le 5 mars 1696, par contrat du 28 février précédent, à noble Hugues Jannon, de la paroisse de Saint-Nizier, conseiller en la Sénéchaussée et Siège présidial de Lyon, échevin de cette ville en 1718 et 1719 et membre du Tribunal de la Conservation, fils de noble François Jannon, conseiller au Siège présidial de Lyon, et de dame Françoise Blauf; Pernette de Rivérieulx testa le 30 mars 1717;

13° Claude de Rivérieulx, baptisé à Saint-Paul, le 2 fevrier 1672, filleul de Claude Trollier et de Sibille Pichon, veuve de Charles Perrin ; il fut inhumé, le 18 décembre 1742, à Arnay-le-Duc, où il avait épousé, le 30 août 1724, étant ancien capitaine d'infanterie au régiment de Rouen, demoiselle Anne Ponnelle, fille de maître Pierre Ponnelle, ancien conseiller du Roi, lieutenant-criminel au grenier à sel, commissaire contrôleur et receveur des deniers des saisies réelles des bailliage et chancellerie d'Arnay-le-Duc, et de dame Anne Raudot, dont :

A. Pierre-Claude de Rivérieulx d'Albuzy, lieutenant de cavalerie au régiment d'Escars, mort à Lippstadt, des blessures qu'il avait reçues, en 1757, à la bataille de Rosbach ;

B. Bernard de Rivérieulx de Jarlay, né à Arnay-le-Duc, le 15 septembre 1726 ; il était surnuméraire dans l'artillerie, en 1744 ; cadet le 3 novembre de la même année, sous-lieutenant le 16 novembre 1746, lieutenant en 2e le 23 août 1749, lieutenant en 1er le 26 janvier 1756, capitaine par commission le 23 octobre 1759, capitaine en 2e le 26 mai 1760, capitaine en 1er le 15 octobre 1775, major le 14 octobre 1776, lieutenant-colonel le 3 juin 1779, colonel par commission le 22 mai 1781, colonel titulaire d'artillerie au régiment de Metz le 4 juillet 1784, retiré le 1er juin 1791, avec une pension de 4.800 livres et le grade de maréchal de camp. Il fit 12 campagnes, 7 sièges, 2 expéditions et assista à 5 affaires; il fut blessé et fut décoré de la croix de Saint-Louis le 22 août 1788. Il épousa damoiselle Antoinette Trolliet de Fêtan, fille de Jean-

Baptiste Trollier de Fêtan, seigneur de Fêtan et de Messimieux, conseiller en la Cour des Monnaies de Lyon, et de dame Anne Albanel. Il émigra à la fin de 1792, et mourut, le 31 octobre 1794, à Sursée, canton de Lucerne, sans postérité, après 20 ans de mariage;

14° Claudine, ondoyée le 14 mai, baptisée le 9 octobre 1673, filleule de Bernardin Bastero, et de madame Claudine de Lallier, femme de messire Pierre Suduyrand, seigneur des Allymes et Gy, trésorier de France; elle épousa d'abord, par contrat du 14 janvier 1693, à Saint-Paul, le 24 janvier suivant, Annet Albanel, qui testa le 9 mai 1693, fils de Jean Albanel, et de demoiselle Blanche Dupuis (voir leur postérité note 1, après la présente généalogie); furent présents à ce contrat de mariage: Daniel Chollier, écuyer, ancien conseiller en la Sénéchaussée de Lyon, Pierre Chollier, son fils, écuyer, conseiller audit siège, cousins de la future, noble Jean de la Font, échevin de Lyon, noble Mathieu Aumaistre, ancien échevin, messire Jacques Perrichon, chevalier, procureur général au Parlement de Dombes; Claudine de Rivérieulx se remaria à Saint-Paul, le 12 novembre 1696, à messire Nicolas Foy (v. note 2), de la paroisse de Saint-Nizier, chevalier, seigneur de Saint-Maurice, Troissereux, Beaulieu, etc., comte Palatin, conseiller d'État, président en les Cours des Monnaies de Paris et de Lyon, chevalier des ordres du Mont-Carmel et de Saint-Lazare, commissaire général de Sa Majesté pour les monnaies dans les provinces de Lyonnais, Dauphiné, Provence, Languedoc, Guyenne, Auvergne, etc., fils de messire Nicolas Foy, écuyer, seigneur des mêmes lieux, conseiller du Roi en sa Cour des Monnaies et son commissaire général pour les monnaies dans les mêmes provinces, et de dame Marie Guillebert; Claudine de Rivérieulx testa le 13 juillet 1693 et élut sa sépulture dans la chapelle de Saint-Joseph, au tombeau de la famille Albanel, en l'église des Carmes Déchaussés;

15° Jean, né le 5, baptisé à Saint-Paul le 7 juillet 1674, filleul de Jean Estival et d'Ysabeau Royer, femme de François de Cantuel; il testa le 17 mars 1695, étant lieutenant d'infanterie au régiment de Vendôme, et le 2 avril 1696, étant capitaine au même régiment.

III. Marc-Antoine de RIVÉRIEULX, fut baptisé à Saint-Paul le 6 juillet 1654 et eut pour parrain et marraine Marc-Antoine Mazenod et damoiselle Philiberte Fevre, veuve de M. Jean Berton. Il épousa, par contrat du 15 mai 1700 et bénédiction nuptiale du 22 mai suivant, en l'église de la Platière de Lyon, demoiselle Monique ROUX, morte à Saint-Didier-au-Mont-d'Or le 13 février 1704, fille de Benoît Roux, habitant de Belley en Bugey, et de Claudine Ducarre ; il en eut :

1° Antoinette ;

2° Louise-Françoise ;

3° Jean-Marc-Antoine, qui suit ;

4° Joseph, chanoine de Saint-Paul de Lyon, par provisions de 1718 environ.

IV. Messire Jean-Marc-Antoine de RIVÉRIEULX de L'ARBALÉ-TRIÈRE, né et baptisé le 12 juin 1701, lieutenant de cavalerie au régiment de la Tour, mourut à Saint-Didier-au-Mont-d'Or, le 17 janvier 1741 ; il épousa, en 1730, demoiselle Jeanne MARQUE, fille de François Marque et de dame Marie Gautier des Amours, dont il eut :

1° Pierrette, mariée à Villeurbanne, le 26 janvier 1745, à messire Marc-Antoine Foy de Saint-Maurice-de-Saint-Leu, seigneur de Champvieux, capitaine au régiment de Limousin, fils de messire Nicolas Foy de Saint-Maurice et de dame Claudine de Rivérieulx ;

2° Marc-Antoine, qui suit ;

3° François, baptisé à Sainte-Croix de Lyon, le 16 octobre 1733 ;

4° Laurent, baptisé à Sainte-Croix, le 28 décembre 1734 ;

5° Etienne, baptisé à Sainte-Croix, le 13 décembre 1735 ;

6° Françoise ;

7° Marie.

V. Marc-Antoine de RIVÉRIEULX, né le 3, baptisé le 11 juin 1731, fut officier de cavalerie ; il avait été élevé, ainsi que son parent Bernard de Rivérieulx de Jarlay, par les soins de leur grand-oncle et oncle Charles de Rivérieulx de La Ferrandière, il fit la guerre en Amérique sous les ordres du général de Montcalm qui connaissait sa famille, et fut pendant deux ans prisonnier des sauvages ; à son retour en France, il débarqua à Rochefort, eut une place dans les comptables de la Marine, voyagea dans l'Inde et vint ensuite se fixer à Brest, où sa postérité est restée et où il épousa, en 1774, Yvonne du VERGER ; il mourut le 7 juillet 1806, laissant trois fils de cette union :

1° François-Marie, né en 1777, capitaine de génie de première classe, retraité en 1822, chevalier de Saint-Louis et de la Légion d'honneur, mort le 6 avril 1841 ; son frère Marc-Arnaud et lui s'arrêtèrent deux fois à Lyon et y reçurent l'hospitalité chez leur parent M. de Rivérieulx de Chambost ; il épousa Françoise-Félicité Guillo du Bodan, morte le 15 novembre 1865, à 80 ans, et il en eut :

    A. Gabrielle-Ange-Joséphine, morte à Nantes, le 15 janvier 1878, à 68 ans ; elle avait épousé Paul-Louis de Fermon (v. note 3), mort à Nantes le 15 novembre 1878, âgé de 73 ans ;

2° Marc-Arnaud, né en 1779, capitaine d'artillerie, mariée à Flore-Perrine Le Guen, dont :

    A. Laure-Marie-Antoinette, mariée à Nicolas Conseil (v. note 4), lieutenant-colonel, officier de la Légion d'honneur ;

    B. Nathalie, morte sans alliance ;

    C. Aline-Jeanne-Gabrielle, mariée à Alexandre Le Monnier (v. note 5) ;

3° Antoine-Marie, qui suit :

VI. Antoine-Marie de RIVÉRIEULX, enseigne de vaisseau, mourut en 1823, laissant de son mariage avec Rose LE GUEN, cousine germaine de Françoise Le Guen :

VII. Armand-Marie-Emile de RIVÉRIEULX, député du Finistère en 1848, habitant Brest et le château de Trouzilit, près de cette ville; il naquit en 1809 et mourut à Trouzilit le 6 mai 1876; il épousa, le 4 août 1831, Joséphine-Pauline-Dalila DESMARETS, fille d'un ingénieur de première classe de la Marine, chevalier de Saint-Louis, dont :

1° Dalila, née le 18 août 1832, mariée en juillet 1857, morte le 4 octobre 1858 à Trouzilit; elle avait épousé Charles, vicomte de Kerguiziau de Kervasdoué, fils d'un lieutenant-colonel des chasseurs de Nemours avant 1830 ; elle n'a pas laissé de postérité ;

2° Emile, qui suit ;

3° Adeline, née le 21 février 1835, morte le 21 août 1865 ; elle épousa à Trouzilit, au mois de septembre 1859, Louis Rouxel de Villeféron (v. note 6);

4° Pauline, née le 1er décembre 1836, religieuse aux Dames Réparatrices, en religion Sœur Marie-Armande ;

5° Armand, né le 17 novembre 1838, marié, le 28 décembre 1869, à Marguerite Benoît, dont :

   A. Marguerite, née le 19 avril 1871, mariée à René de Kerros, lieutenant de vaisseau (v. note 7) ;

   B. Georges, né le 23 août 1872 ;

   C. Armand, né le 25 juillet 1874 ;

6° Marie, née le 6 juin 1841, mariée, le 23 janvier 1872, à son beau-frère Louis Rouxel de Villeféron (v. note 8).

VIII. Emile de RIVÉRIEULX, né le 1er octobre 1833, a épousé, en 1861, Maria de CAYEU, dont :

1° Ferdinand, né le 1er janvier 1865, mort enseigne de vaisseau ;

2° Robert, né le 18 octobre 1871 ;

3° Emile, né le 18 octobre 1875 ;

4° Marie, née le 20 octobre 1862 ;

5° Pauline, née le 29 septembre 1863, morte jeune ;

6° Jeanne, née le 4 juillet 1869 ;

7° Gaston, né le 21 janvier 1878.

Branche de Varax

III. ETIENNE DE RIVÉRIEULX, baptisé dans l'église de Saint-Paul, de Lyon, le 19 juillet 1656, filleul de noble Étienne Cantuel et de demoiselle Marguerite Fèvre, femme de Louis Faure, sieur de la Bernodière, près Saint-Laurent, fut d'abord recteur des hôpitaux de cette ville ; le 5 janvier 1696, il fut nommé juge-assesseur en la Conservation de Lyon; il acheta, le 2 août 1709, les seigneuries de Marcilly-d'Azergues, Civrieux, Lozanne, Gage, etc., et était seigneur du Plat de Bellecour, à Lyon ; le 20 avril 1719, il obtint des lettres de provisions de secrétaire du Roi ; le 19 août de la même année il acquit des demoiselles Perrachon de Saint-Maurice les châteaux et terres de Varax, Saint-Paul et Veillères érigées en comté, pour la somme de 205,000 livres ; il avait acheté, le 30 janvier 1705, la maison de Guillaume Puylata située à Lyon à la montée des Capucins ; il la revendit en 1714. Il fit l'acquisition de la terre de Saint-Nizier-le-Désert, en Bresse, et du fief d'Ars, à Limonest, et acheta, le 6 septembre 1726, pour la somme de 112,150 livres, de Marie Vérot, veuve de Léonard Borne, tutrice de leurs enfants, une maison étant de son hoirie située à Lyon, place Louis-le-Grand, faisant le milieu des façades de la Saône. Par son testament du 24 octobre 1721, il légua au couvent de la Visitation de Sainte-Marie de la place de Louis-le-Grand 1,000 livres à la charge d'un annuel de messes basses de l'office des Morts; aux pauvres de la paroisse de Saint-Paul, 1,000 livres ; à la paroisse où il décédera, 500 ; au grand Hôtel-Dieu et à la maison de la Charité de Lyon, à chacun 4,000. Il fit un codicille le 25 septembre 1731, mourut le 28 du même mois et fut inhumé le surlendemain en la paroisse de Saint-Michel et Saint-Martin-d'Ainay. Il avait environ 1,800,000 livres ou 2 millions d'après le journal particulier d'un conseiller au bureau des finances de Lyon ; la terre de Varax et dépendances lui rendait 7 à 8,000 livres de rente ; la terre et maison de Marcilly lui revenant, dit-on, à 100,000 écus rapportait environ 10,000 livres : sa charge du secrétaire du Roi fut revendue 82,500 livres. Etienne de Rivérieulx avait épousé, par contrat du 23 mars 1683, demoiselle MARIE ROLAND, fille de noble Antoine Roland, seigneur de la Place, échevin de Lyon, et de demoiselle Claudine de Ponsaimpierre, en présence de Daniel Chollier, écuyer, conseiller en la Sénéchaussée de Lyon, Etienne de Mazenod, écuyer, seigneur de Paveyzin, Dominique de Ponsaimpierre, écuyer, seigneur de la Bouzonnière, ancien échevin de Lyon, Lambert de Ponsaimpierre, écuyer, seigneur du Perron, prévôt des Marchands, messire Barthélemy de Ponsaimpierre, chevalier. trésorier de France, Jean-Baptiste de Ponsaimpierre, écuyer, messire Lambert de Ponsaimpierre, conseiller au parlement de Dombes, chanoine en l'église collégiale de Saint-Paul, messire Jean-Baptiste Dulieu, écuyer, seigneur de Charnay, lieutenant particulier en la Sénéchaussée de Lyon. L'abbé Pernetti, dans ses *Lyonnais dignes de mémoire*, a fait l'éloge de Marie Roland, disant qu'elle était digne d'être regardée comme une femme forte, qui ne contribua pas seulement à la fortune de son mari et de ses enfants, mais qui, dans un âge fort avancé, conserva jusqu'à sa mort le respect et la considération que lui devait sa famille à tant de titres; elle testa les 6 février 1733 et 14 octobre 1741, demeurant à Lyon, place Louis-le-Grand, paroisse d'Ainay ; par ce dernier testament elle légua 500 livres au grand Hôtel-Dieu, autant à l'hôpital de la Charité, 100 aux Sœurs de la Marmite, de la paroisse d'Ainay, pour le bouillon des pauvres ; elle mourut, en 1752, après avoir donné à Étienne de Rivérieulx la postérité suivante :

1° Anne, née le 10 mars 1684, baptisée le lendemain à Saint-Paul, filleule de Dominique de Ponsaimpierre, seigneur de la Bouzonnière, son bisaïeul maternel, et de Philiberte Fèvre, veuve de Jean Berton, sa bisaïeule paternelle ; elle mourut en bas-âge;

2° Antoine, baptisé à Saint-Paul le 4 avril 1686, filleul d'Antoine Roland et de Claudine Berton, veuve d'Antoine Rivérieulx ; il vécut peu de temps ;

3° Marguerite, baptisée à Saint-Paul le 21 décembre 1686, filleule de Marc-Antoine Rivérieulx, son oncle, et de Marguerite Laure, femme de noble Dominique de Ponsaimpierre ; elle fut inhumée, le 10 mai 1689, à la grande cave de Saint-Laurent, tombeau de sa famille, après avoir été prise chez M. Roland, son grand-père, vis-à-vis la douane ;

4° Claudine, baptisée à Saint-Paul le 2 juin 1689, filleule d'Hugues Rivérieulx, son oncle, et de Mme Claudine de Ponsaimpierre, sa grand'mère ; elle épousa à Saint-Paul, le 1er juin 1712, par contrat du 28 mai, messire Claude-César Ferrary (v. note 9), écuyer, comte de Romans, capitaine au régiment de Lyonnais-infanterie, secrétaire du Roi, chevalier d'honneur au Siège présidial de Bourg, receveur des décimes de la généralité et du clergé de Lyon, fils de noble César Ferrary, échevin de Lyon, receveur général des décimes de la généralité de Lyon, et de dame Charlotte-Martine de la Charnée ; elle fut inhumée à Ainay le 28 mars 1774 ;

5° Lambert, baptisé à Saint-Paul le 30 juillet 1691, filleul de Lambert de Ponsaimpierre, seigneur du Perron, et de Suzanne Laure, veuve de messire Claude de Pradel; il fut inhumé, le 30 avril 1692, dans la grande cave de l'église de Saint-Laurent;

6° Jean-Baptiste, baptisé à Saint-Paul le 1er décembre 1692, filleul de Jean-Baptiste Laure, chanoine de Saint-Paul, et de dame Pernette Rivérieulx, femme de M. Jean-Baptiste Perrin ; il fut inhumé à Saint-Paul le 1er octobre 1698 ;

7° Anne, baptisée à Saint-Paul le 11 janvier 1694, filleule de Charles Rivérieulx, avocat en parlement, et de demoiselle Anne Mollien, femme d'Antoine Constant ; elle fut religieuse au monastère de la Visitation de Bellecour à Lyon ;

8° Claudine-Marie, baptisée à Saint-Paul le 27 novembre 1695, filleule de Dominique Roland, écuyer, et de Claudine Rivérieulx, veuve Albanel; elle fut inhumée à Saint-Paul le 16 décembre 1699 ;

9° Hugues, qui suit ;

10° Anne-Catherine, baptisée à Saint-Paul, le 22 septembre 1699, filleule de messire Lambert Roland, chanoine de Saint-Paul, son oncle, et de Catherine de Ponsaimpierre, veuve de M. Rovière, sa tante maternelle ; elle était, en 1763, supérieure du premier monastère de la Visitation de Sainte-Marie de Bellecour, à Lyon, sous le nom de Marie-Catherine ; elle dut mourir vers 1776 ;

11° Claude, auteur de la branche de Chambost, qui aura sa place plus loin.

IV. Messire Hugues DE RIVÉRIEULX DE VARAX, comte de Varax, seigneur de Veillères, les Policardières et Saint-Nizier-le-Désert, en Bresse, Marcilly, Civrieux, Lozanne, Gage, Ars, Plambost, le Boisset et la Place, en Lyonnais, né le 10 janvier 1698, baptisé à Saint-Paul le 11, était filleul de Hugues Jannon, conseiller du Roi au Présidial et Sénéchaussée de Lyon, et de dame Elisabeth Gueston, femme de M. Ponsaimpierre, trésorier de France. Il acheta le fief de la Place, dans la paroisse de Jarniost, de Dominique Roland, son oncle, et l'office de conseiller du Roi en la Cour des Monnaies, Sénéchaussée et Siège présidial de Lyon, le 31 janvier 1722, de son oncle Charles de Rivérieulx de la Ferrandière, il était, en 1740, président en ladite Cour des Monnaies, lieutenant-général civil et criminelle en ladite Sénéchaussée et Siège présidial, fut prévôt des marchands de Lyon de 1745 à 1749 et capitaine-colonel penon de la ville de Lyon. Le 27 juin 1734, une procession générale faite à Lyon pour la clôture de la mission du Jubilé se rendit à un reposoir élevé sur la place de Bellecour au bas de sa maison, qui était celle du milieu des façades de la Saône. Le 12 octobre 1749, étant prévôt des marchands de Lyon, il reçut S. A. R. Madame de France, femme de don Philippe, infant d'Espagne, et S. A. R. l'infante Elisabeth, sa fille, à leur passage à Lyon ; sa maison de la place de Bellecour fut illuminée, à cette occasion, ainsi que les quatre voisines ; il offrit à S. A. R. Madame de France plusieurs pièces des plus riches étoffes en or et en argent de la fabrique de Lyon et lui présenta des glaces dans la grande salle de l'Hôtel de Ville. Il testa les 29 juillet 1738 et le 22 juin 1755 ; par ce dernier testament il demanda 100 messes dans l'église de Saint-Paul-de-Varax, 50 dans celle de Saint-Nizier-le-Désert, 100 dans celle de Marcilly, 50 dans celle de Civrieux, 50 dans celle de Lozanne ; il légua 500 livres au grand Hôtel-Dieu de Lyon, autant à l'Aumône Générale, 300 aux Sœurs de la Marmite de la paroisse de Saint-Pierre-le-Vieux, 300 aux Pénitents de la Miséricorde. Il mourut d'une fièvre pernicieuse, le 28 décembre 1758, en son hôtel, place de Roanne, port Saint-Jean, et fut inhumé le surlendemain en l'église de Sainte-Croix. il avait épousé à Saint-Paul de Lyon, le 13 juin 1725, par contrat du 9 juin, demoiselle BLANCHE ALBANEL, née le 28 février 1708, fille de noble Gaspard Albanel, échevin de Lyon, et de dame Sibille Fayard. Blanche Albanel était de petite taille, elle avait beaucoup d'ascendant sur son entourage, particulièrement sur ses enfants, qui, même à l'âge de 40 ans, étaient tenus de l'informer de leurs allées et venues ; elle habitait ordinairement le château de la Duchère, qu'elle avait recueilli dans la succession de Jeanne Gayot, seconde femme de son père ; elle y était le plus souvent entourée de ses filles, Mmes de Pusignan, de Béreins et de Revol et de ses fils, MM. de Gage et de Lozanne. Elle testa le 1er juillet 1738 et 13 septembre 1787 ; par son dernier testament elle demande 100 messes basses de l'office des morts dans l'église de la paroisse où elle sera inhumée, 100 dans celle de Saint-Paul-de-Varax, 100 dans celle de Marcilly, 50 dans celle de Civrieux, 50 dans celle de Lozanne et 50 dans celle de Saint-Pierre-de-Vaise ; elle lègue 200 livres aux pauvres honteux de la paroisse d'Ainay, 200 à l'œuvre de charité dite des Dames, établie sur la paroisse d'Ainay, 500 à l'Hôpital général de la Charité de Lyon, 500 à celui de Notre-Dame-de-Pitié de cette ville, 300 à la Confrérie des Pénitents de la Miséricorde. Elle donna à son mari les enfants suivants :

1° Blanche-Anne-Marie, née le 19 mai 1726, elle testa le 31 octobre 1748, demeurant à Lyon, rue Saint-Dominique, paroisse Saint-Martin-d'Ainay, fit un codicille au château de la Duchère le 27 septembre 1749 et fut inhumée à Saint-Pierre-de-Vaise le 13 novembre suivant ; elle avait épousé à Ainay, le 1er septembre 1744, par contrat du 29 août, messire Pierre-Thimoléon Gauthier de Mézia, écuyer, marquis de Pusignan, seigneur de Cherva, officier d'infanterie, contrôleur des guerres des gendarmes de la garde du Roi (v. note 10), demeurant à Lyon, paroisse Saint-Martin-d'Ainay, lequel était fils de Pierre Gaultier, écuyer, seigneur de Pusignan, secrétaire du Roi, échevin de Lyon, et de dame Marie-Louise de Barcos: il testa le 7 août 1784, demandant à être inhumé avec toute la simplicité et la modestie chrétienne;

2° Gaspard-Etienne de Rivérieulx de Varax de Marcilly, né le 27 septembre 1727, mort en 1762, au château de Varax;

3° Anne-Marie, née le 6 avril 1729, inhumée à Sainte-Croix de Lyon, le 25 juillet 1751;

4° Dominique de Rivérieulx de Varax de Veillères, né le 10, ondoyé le 11 et baptisé le 14 mai 1730, filleul de Dominique Roland, écuyer, seigneur de la Place, ancien échevin de Lyon, et de dame Jeanne Gayot, femme de messire Gaspard Albanel, ancien échevin de Lyon; il eut dans la succession de son père, le fief de la Place qu'il vendit, en 1771, à Jean Saudrin de Champdieu, seigneur de Jarniost; en 1766, il était qualifié chevalier et demeurait à Lyon, rue de la Barre, paroisse d'Ainay, maison du sieur Delorme; il mourut, sans alliance, à la fin du XVIIIe siècle;

5° François-Claude de Rivérieulx de Varax de Gage, seigneur de Veillères, qu'il vendit à son frère Jean-Claude de Rivérieulx de Varax de Civrieux; il naquit à Lyon le 31 octobre 1731; il fut lieutenant en second au régiment de Lyonnais le 4 octobre 1745, enseigne le 27 mai 1746, réformé en 1749, replacé enseigne le 1er mai 1754, lieutenant le 29 janvier 1755, capitaine au régiment Lyonnais le 7 février 1757 et se retira en 1763. Il fit les campagnes de 1747 à 1748 en Italie, de 1757 et 1758 en Hanovre, de 1759 à 1761 sur les côtes, de 1762 à 1763 en Westphalie et fut nommé chevalier de Saint-Louis en 1763. Le 20 juin 1759, il écrivait à sa mère de Calais, où il était en garnison, qu'on ne parlait que d'embarquement; il avait été à Dunkerque où les officiers généraux des côtes de Picardie lui avaient confirmé ce bruit; on y construisait des bateaux plats pour le transport des troupes; M. le marquis de

Villeroy devait venir inspecter le régiment. Sa mère lui avait légué la jouissance du château et de la terre de La Duchère; le 16 mai 1790, il fut nommé commandant honoraire de la garde nationale de Vaise, où il résida jusqu'à son décès; il mourut victime de la Révolution à Lyon le 15 frimaire an II. Deux lettres conservées dans les archives de La Duchère témoignent qu'il sut mourir en chrétien et en vaillant militaire. Dans la première, il dit à la femme Pommier, sa domestique : « Tu passeras chez le maire pour avoir le certificat de civisme; est-il possible qu'après avoir fait du bien on m'abandonne. C'est le sort des malheureux, offrons cela à Dieu..... Il ne s'exécute pas. Au reste, s'il faut mourir, faute de ce papier, je suis tout décidé..... Donne-moi des nouvelles sur mes affaires, tâchez d'engager toutes les Sociétés de Vaise à me rendre service..... Je suis préparé à la mort au cas qu'elle arrive. Prie Dieu pour moi. » Dans la seconde, il parle en ces termes à son frère Jean-Claude de Rivérieulx de Varax de Civrieux : « Embrasse tous tes enfants, qu'ils prient Dieu pour moy. Tâche d'avoir soin de mes domestiques, s'ils existent encore après moi. Il paraît que ceci devient sérieux. Je suis tout préparé à la mort, j'espère avoir assez de courage pour la soutenir. L'innocence opprimée ne se désespère pas. C'est l'histoire de la vie humaine, plus tôt ou plus tard..... Si tu survis à tout ceci..... fais honneur à mes affaires. Adieu, bonsoir, je te verrai, j'espère, dans le ciel, espérant que Dieu me fera miséricorde..... » François-Claude de Rivérieulx de Gage était, en 1747, élève au grand collège de la Compagnie de Jésus, à Lyon; le 28 mai on y joua une tragédie, *Xerxès,* et un ballet intitulé *l'Imagination,* le prévôt des marchands, son père et les échevins présents; François-Claude, qui avait sans doute un physique agréable, remplit dans le ballet les rôles de Vénus, Apollon, Lyncée, etc.;

6° Jean-Claude, qui suit;

7° Claude-César de Rivérieulx de Varax de Saint-Nizier, d'abord chanoine de l'église de Saint-Paul de Lyon, recteur des chapelles de Saint-Paul de Varax et de Saint-Nizier-le-Désert, sans être engagé

dans les ordres sacrés, puis chevalier, seigneur de Saint-Nizier-le-
Désert ; il comparut, le 23 mars 1789, à l'Assemblée de la noblesse
du Forez et mourut à Lyon le 6 février 1809, à 68 ans. Il avait
épousé à Ainay, le 25 novembre 1783, demoiselle Marie-Charlotte-
Adélaïde de Constant, fille de Pierre de Constant, chevalier, lieutenant
pour le Roi, commandant à Neuville, chevalier de Saint-Louis, et de
Marie-Anne-Louise-Eléonore, née comtesse de Béhague, dont
il eut :

A. Pierre, baptisé à Saint-André de Montbrison le 2 octobre 1784,
filleul de Pierre de Constant, écuyer, chevalier de Saint-Louis,
lieutenant pour le Roi, commandant à Neuville, et de dame
Marie-Marthe-Sabine de Vidaud, femme de messire Jean-
Claude de Rivérieulx de Varax, son oncle ; il mourut le même
jour ;

B. Anne, baptisée à Saint-André de Montbrison le 7 décembre 1785,
filleule d'Anne de Béhague, femme de Pierre de Constant,
chevalier de Saint-Louis, son aïeul ; elle mourut à Lyon le
13 mai 1856 et y avait épousé, le 30 juin 1809, Michel-
Antoine-Marie de Reynold de Chauvancy (v. note 11), né à
Laiz (Ain), le 8 août 1768, fils de Louis-Philibert de Reynold
de Chauvancy et de Marie-Françoise Germain ;

C. Reine, baptisée à Saint-André de Montbrison le 7 décembre 1785,
filleule de dame Reine de Constant, veuve de messire Durand
de La Mure, chevalier, seigneur du Poyet, sa tante maternelle ;
elle épousa à Lyon, le 10 juin 1810, Jean-François de Borsat
de La Pérouse (v. note 12), né à Bourg le 12 avril 1764, fils de
Jacob-Marie de Borsat de La Pérouse et de Marie-Claudine
Tardy ;

D. Jean-Claude, baptisé à Sainte-Madeleine de Montbrison le
26 novembre 1786, filleul de messire Jean-Claude de Rivérieulx,
chévalier, seigneur du comté de Varax, son oncle paternel,
représenté par messire Denis de La Mure, écuyer, seigneur du
Poyet, cousin du baptisé, et de dame Anne Genthon, comtesse

de Béhague, bisaïeule maternelle de l'enfant, représentée par demoiselle Anne de La Mure, cousine de l'enfant;

E. Denis, baptisé à Sainte-Madeleine de Montbrison le 5 novembre 1788, filleul de messire Denis de La Mure du Poyet et de dame Reine-Pierrette-Eléonore de Constant, veuve de messire Durand de La Mure, écuyer, seigneur du Poyet, tante de l'enfant; il fut inhumé à Saint-André de Montbrison le 27 avril 1792;

8° Claude de Rivérieulx de Varax de Lozanne, né le 29 juin 1734, d'abord chanoine régulier de l'ordre de Saint-Antoine de Viennois, puis prêtre conventuel de l'ordre de Malte; il testa le 8 mars 1821, et mourut à Lyon, rue des Farges, le 29 septembre 1825; après la Révolution, il s'était fixé sur la montagne de Fourvière, près de l'église de Saint-Just, où il disait sa messe; il vécut jusqu'à 91 ans, sans autre infirmité qu'une légère surdité; quelque temps qu'il fît, tous les jours il faisait à pied une promenade sur la place de Bellecour, et ce jusqu'à la veille de sa mort;

9° Marguerite-Elisabeth, née le 31 juillet 1736 et mariée à Sainte-Croix de Lyon, le 15 mars 1756, par contrat du 14 mars, à messire Jean-Baptiste de Noyel de Béreins (v. note 13), comte de Béreins, seigneur de Mons et Sermézy, chevalier, capitaine au régiment de Picardie, mort victime de la Révolution à Lyon, en 1794, à l'âge de 72 ans, fils de messire Jean-François de Noyel, chevalier, comte de Béreins, seigneur de Sermézy, Paranges, président en la Cour des Monnaies, Sénéchaussée et Siège présidial de Lyon, et de dame Madeleine Perrin de Vieubourg, demeurant en la paroisse d'Ainay;

10° Hugues-Etienne, né le 10 juillet 1739, inhumé à Saint-Pierre-de-Vaise le 17 novembre 1751;

11° Hélène, mariée à Sainte-Croix, le 16 juin 1761, à Joseph de Revol (v. note 14), comte de Revol, chevalier de Saint-Louis, ancien major du régiment Dauphin-infanterie, fils de messire Louis de Revol, vicomte de Revol, et de dame Avoye de Micoud, demeurant à Lyon, place Louis-le-Grand, et frère de François de Revol, évêque d'Oloron, baron de Momont, abbé de Pontaut.

V. Messire Jean-Claude de RIVÉRIEULX de VARAX de CIVRIEUX, né le 30, baptisé à Ainay le 31 octobre 1731, comte de Varax, seigneur de Marcilly, Civrieux, Lozanne, Ars, Gage, Plambost, Veillères, filleul de M. Jean Albanel, seigneur de Batailloux, représenté par messire Gaspard Albanel, ancien échevin de Lyon, et de dame Claudine Rivérieulx, épouse de Nicolas Foy de Saint-Maurice, conseiller d'État, président en la Cour des Monnaies et commissaire du Conseil dans le département de ladite Cour, eut le 1er août 1743 le brevet de cornette dans la compagnie de chevau-légers de la nouvelle levée d'Albanel et fut officier au régiment d'Escars-cavalerie. Il fit campagne en 1746 et se trouvait à 15 ans à la bataille de Plaisance ; l'affaire finie, il fut si fatigué qu'il se coucha sur un chariot de bagages et dormit d'un trait pendant vingt-quatre heures. Le 21 juin 1754, il écrivait à son père de Voizey, dans les Vosges, où il était en garnison, qu'il s'occupait beaucoup à la chasse et à jouer du violon ; il pensait, dès que le régiment serait assemblé, faire des concerts avec deux capitaines qui en jouaient fort bien. En 1757, il eut deux chevaux tués sous lui à la bataille de Rosbach. En 1782, il fit les honneurs de Lyon au grand-duc Paul de Russie, voyageant sous le nom de comte du Nord ; celui-ci visita la Duchère et lui fit don d'une grande tasse de porcelaine et d'un arc tartare, qui sont encore conservés dans la famille de Corcelle. C'est au château de Marcilly qu'il vivait dans la belle saison ; il était fort aimé de ses vassaux et aimait qu'on fût heureux auprès de lui ; d'un remarquable embonpoint, il disait en riant : *Grosses gens, bonnes gens.* Quoique d'humeur bienveillante et facile, il gouvernait chez lui et tenait aux bonnes manières de ses enfants et à ce que ses fils cédassent le coin du feu à ses filles. L'intérieur de cette famille était tout patriarcal, c'était un mélange de simplicité et de grande existence. Il avait conservé la plupart des terres de l'héritage paternel, sur lesquelles il devait une partie des légitimes de ses frères et sœurs, ce qui l'avait un peu obéré. Le séjour dans les campagnes ne devenant plus tenable à la fin de 1792, il se retira à Lyon, où il se trouvait lors du siège de cette ville ; il y mourut, le 16 nivôse an II, victime de la Révolution ; les gens de Marcilly, le maire en tête, vinrent demander sa grâce, malgré le péril d'une telle démarche ; leur dévouement fut inutile. Il avait été arrêté le 14, comme ci-devant noble, très riche, suspect d'avoir fourni pour les frais du siège de Lyon, contre-révolutionnaire, ayant pris part avec les rebelles, coupable. Il épousa, par contrat du 11 juillet 1763 et remise de Sainte-Croix de Lyon du 28 juillet pour Saint-Hugues, de Grenoble, demoiselle MARIE-MARTHE-SABINE DE VIDAUD DE LA TOUR DE MONTBIVES, baptisée le 30 juillet 1741, fille de haut et puissant seigneur messire Joseph-Gabriel de Vidaud de la Tour, conseiller du Roi en ses conseils, son procureur général au parlement de Grenoble, comte de la Bâtie, baron d'Anthon, seigneur de Biviers, Montbives et autres lieux, et de dame Jeanne-Madeleine de Gallet. Ce mariage se fit avec l'avis de haut et puissant seigneur messire Jean-Jacques de Vidaud de la Tour, frère de la future, avocat général au parlement de Grenoble, comte de la Bâtie, baron d'Anthon, seigneur de Montbives, de messire Jean-Jacques de Gallet de Mondragon, conseiller d'État, maître d'hôtel ordinaire du Roi, secrétaire des commandements de Madame la Dauphine, son oncle, de haut et puissant seigneur messire François de Gallien de Chabons, seigneur du Passage et Saint-Auban, son beau-frère, de messire François de Vidaud de la Tour, abbé de Châteaudun, son oncle, de Mme de la Poippe-Saint-Julien, veuve de haut et puissant seigneur messire Jean-Dominique de la Croix de Sayve, marquis d'Ornacieux, chevalier, président à mortier au parlement de Dauphiné, de haut et puissant seigneur messire Arthus-Joseph de la Croix de Chevrières de Sayve, marquis d'Ornacieux, chevalier, président à mortier audit parlement, seigneur de Faramans, de messire Louis Aimon de Franquières, seigneur du Mollard, de messire Mathieu de Sayve, chevalier de Marigny, de messire....., de Sayve d'Ornacieux, ancien capitaine de cavalerie. Marthe de Vidaud était d'une santé délicate, elle testa le 24 juillet 1765, et vivait encore, étant alitée, le 15 avril 1789, elle dut mourir peu de mois après; son frère Gabriel de Vidaud d'Anthon écrivait à son mari, le 19 novembre 1786, une lettre finissant ainsi : « Continuez à jouir de la santé la plus parfaite et la plus durable au milieu de braves enfants qui vous chérissent, tâchez de dissiper ou diminuer les maux d'une digne et respectable compagne, votre ménage est un modèle, qu'il le soit encore cinquante ans pour le bonheur de vos enfants, parents et toutes les personnes qui vous connaissent. » De cette union naquirent :

1° Blanche, née le 26, baptisée à Sainte-Croix le 30 octobre 1764, filleule de messire Jean-Jacques de Gallet de Mondragon, seigneur de Mondragon, Pluvaut, conseiller d'État, maître d'hôtel ordinaire du Roi, son grand-oncle maternel, représenté par messire François de Rivérieulx de Gage, chevalier de Saint-Louis, son oncle paternel, et de dame Blanche Albanel, veuve de messire Hugues de Rivérieulx de Varax, son aïeule paternelle ; elle avait été agréable et fraîche jeune fille jusqu'à la petite vérole qu'elle eut à 25 ans. Elle passa une partie de sa jeunesse à la Duchère, auprès de sa grand'mère paternelle, l'aidant à recevoir de nombreuses visites ; elle était habituellement au salon gantée, un éventail à la main ; c'était, paraît-il la mode du temps. Elle mourut à la Sidoine, près de Trévoux, le 17 février 1843, et avait épousé, par contrat du 15, le 19 avril 1789, dans la chapelle du château de Marcilly, Jean-Louis de Guichard, chevalier, ancien conseiller au parlement de Dombes, mort vers 1809, veuf de dame Anne-Marie Chirat et fils de François Guichard, président à mortier au même parlement, et de Marie-Anne Bertrand de Montgay. D'après un certificat de civisme donné à ladite Blanche, le 27 vendémiaire, an III, par la municipalité de Trévoux, elle avait résidé en France sans interruption depuis le 9 mai 1792, son signalement était : taille de 4 pieds, 6 pouces, cheveux châtains-bruns, yeux bleus, nez gros, bouche moyenne, menton rond, front ordinaire, visage rond marqué de petite vérole. Elle fut emprisonnée quelque temps avec son mari, à Trévoux, pendant la Terreur. Ses vertus et sa bienfaisance accompagnées des grâces et de l'urbanité les plus parfaites l'avaient fait appeler l'Ange de la Sidoine ; sa bonté, sa piété, sa charité étaient proverbiales ; tout le pays environnant assista à ses funérailles qui ne furent pas un deuil, mais un triomphe ; l'église de Trévoux fut disposée comme pour un jour fête, le prêtre célébrant et ses assistants étaient revêtus, rapporte-t-on, d'ornements violets. Elle fonda à Trévoux l'école des Sœurs Saint-Charles pour les petites filles. Jean-Louis de Guichard avait 25 ans de plus que sa femme ; il avait conservé, après la Révolution, le costume de l'ancien temps, culottes courtes, bas chinés et la petite queue poudrée ; il était très pieux, très instruit, très charitable, il avait une très belle fortune et habitait tantôt la Sidoine, près de Trévoux, tantôt Beauregard-sur-Saône, résidence qu'affectionnait surtout sa femme ; la moitié de ses revenus passait en aumônes ; il fut à Trévoux le principal fondateur de l'école des Frères de la doctrine chrétienne pour les petits garçons. Très sobre, il était toujours occupé à quelque chose d'utile.

2° Claude de Rivérieulx de Varax de Marcilly, baptisé à Sainte-Croix, le 2 avril 1766, filleul de messire Claude de Rivérieulx, écuyer, son son grand oncle paternel, seigneur de Chambost, et de dame Madeleine de Gallet, veuve de messire Vidaud de la Tour, comte de la Bâtie, procureur général au parlement de Grenoble, son aïeule maternelle, représentée par demoiselle Nicole Vidaud de la Tour, sa fille. Il avait les traits les plus fins et les plus réguliers, était grand et bien fait ; dans sa jeunesse il avait fait une chute à laquelle on ne remédia pas à temps et qui le rendit boiteux. Il avait un esprit charmant, était fort gai et très instruit ; il faisait des observations très justes sur le temps et les saisons. Il émigra quelque temps en Suisse, mais ne fut pas compris sur la liste des émigrés ; il revint de bonne heure à Lyon dont la municipalité lui donna un certificat de non-rébellion où il est qualifié d'agriculteur et a le signalement suivant : taille de 5 pieds 2 pouces, cheveux et sourcils châtains clairs, visage ovale, yeux bleus, nez bien, bouche moyenne, menton rond. Il aliéna la terre de Marcilly-d'Azergues, vers 1830 ; mourut le 4 septembre 1837, et fut enterré à Sainte-Foy-les-Lyon ;

3° Jean-Jacques, qui suit ;

4° Anne, baptisée à Sainte-Croix, le 5 mars 1768, filleule de messire Jean-Baptiste de Noyel de Béreins, chevalier, seigneur de Sermézy, et de dame Anne Albanel, veuve de messire Jean-Baptiste Trollier de Messimieux, chevalier, conseiller en la Cour des Monnaies, Sénéchaussée et Siège présidial de Lyon ; elle relevait d'une grave maladie, lorsque l'émotion que lui causa le massacre de M. Guilin du Montet, seigneur de Poleymieu, voisin de Marcilly, lui amena une rechute dont elle mourut à Lyon le 15 septembre 1791, elle fut inhumée le lendemain à Ainay, dans le cimetière de cette paroisse ;

5° Claude-César de Rivérieulx de Varax d'Ars, né le 1er janvier 1769, baptisé le 2 à Sainte-Croix, filleul de messire Claude-César de Rivérieulx, seigneur de Saint-Nizier-le-Désert, son oncle paternel, et de dame Madeleine-Françoise Vidaud de la Tour, épouse de messire Gallien de Chabons, seigneur du Passage, conseiller au parlement de Grenoble, sa tante maternelle représentée par dame Blanche Albanel, veuve de messire Hugues de Rivérieulx de Varax; sous-lieutenant au régiment de Piémont-infanterie, le 27 décembre 1785, il se retira le 11 octobre 1790, et mourut le 17 juin 1793, au château de Marcilly ;

6° Hugues-César de Rivérieulx de Varax du Bouchet, baptisé à Sainte-Croix le 28 juillet 1770, filleul de messire Hugues-César Ferrari de Villette, son cousin issu de germain, chanoine de l'église collégiale de Saint-Paul de Lyon, et de dame Jeanne-Françoise-Gabrielle Vidaud de la Tour, épouse de messire Jean-Antoine, comte de Ponnat, capitaine de dragons au régiment de Languedoc, sa tante maternelle, représentée par dame Blanche Albanel, veuve de messire Hugues Rivérieulx de Varax ; il fut officier au régiment de Rouergue-infanterie ; c'était un jeune homme très enjoué, affectionnant d'une manière toute particulière sa sœur Hélène, à laquelle il écrivit, sur la fin de 1792, deux lettres qui ont été précieusement conservées par ses descendants, il y parle des succès de l'armée française, des autres nouvelles du jour qui ne sont pas rassurantes, de ses frères avec lesquels il vit dans la plus affectueuse union ; il périt victime de la Révolution, le même jour que son père, comme contre-révolutionnaire, ayant pris les armes, coupable ;

7° Jean-François, baptisé à Sainte-Croix le 28 octobre 1772, filleul de messire Jean-Jacques Vidaud de la Tour d'Anthon, chevalier, conseiller au parlement de Dauphiné, représenté par messire François-Claude de Rivérieulx de Gage, chevalier de Saint-Louis, oncle paternel de l'enfant, et de dame Hélène de Rivérieulx de Varax, épouse de messire Joseph, comte de Revol, chevalier de Saint-Louis, seigneur de Portes, sa tante paternelle, représentée par dame

Françoise-Madeleine Vidaud de la Tour, épouse de M. de Chabons, sa tante maternelle. Il fut inhumé à Sainte-Croix le 7 avril 1773 ;

8° Hélène, née en 1774; elle avait une figure très régulière et charmante ; de grands yeux bleus ; la taille haute, souple, élancée. Toutes ses qualités morales étaient en rapport avec son physique, elle était bonne musicienne et chantait en s'accompagnant sur le piano. Elle visita dans sa prison son frère du Bouchet, blessé sans doute en se défendant contre les gens chargés de l'arrêter et elle tenta inutilement de sauver la vie de son père ; le jour où il monta sur l'échafaud, elle était à l'Hôtel de Ville, le citoyen qu'elle sollicitait, averti de l'approche des condamnés, lui donna, par pitié, de vagues paroles et la fit sortir par une porte de côté, afin qu'elle n'eût pas la douleur de le rencontrer. Il était douloureux à Hélène de parler de ces temps si malheureux, elle le faisait rarement. Quand elle se trouvait seule, bien des années après, le soir, elle jouait sur le piano, d'un air profondément triste, la *Marche des Lyonnais*, défenseurs de Lyon ; plus tard, elle la jouait à ses enfants, toujours avec émotion. Hélène, orpheline, n'ayant aucun asile pour s'abriter fut mise sous la surveillance de la commune qui lui donna un gardiateur qui n'était pas trop féroce ; Françoise, femme de chambre de sa mère, ne l'avait pas quittée. Après la Terreur, il y eut réaction anti-terroriste; on arrêta ce malheureux homme, on voulait le jeter à l'eau; il réclama le témoignage de Mⁱˡᵉ de Varax; on l'amena à la Duchère et Hélène lui sauva la vie. Elle rendit quelques services, aux plus mauvais jours de la Révolution, à Mⁱˡᵉ Brun, jeune fleuriste, d'une bonne famille de la bourgeoisie de Lyon, elle la rencontrait dans une chambre où la messe se célébrait en secret et habita ensuite avec celle-ci qui la faisait passer pour une ouvrière. Elle se réunit ensuite à deux de ses bonnes compagnes de la Visitation, Mⁱˡᵉˢ Personneau, avec lesquelles elle habita dans le quartier de Bellecour un appartement haut perché ; elle était comme la lumière de cette petite réunion et elle brillait surtout par sa raison, son abnégation et sa bienveillance. Quand le calme se rétablit, Hélène rejoignit son beau-frère et sa sœur de

Guichard dans leur maison de la Sidoine, à la porte de Trévoux. Le
26 brumaire an III, le Comité de surveillance révolutionnaire du
canton de l'Egalité à Lyon lui avait délivré un certificat de non-
rébellion, dans lequel elle est qualifiée de lingère et elle a le signa-
ment suivant: taille de 5 pieds 1 pouce, cheveux et sourcils châtains,
yeux bleus, nez bien, bouche moyenne, menton rond, front ordinaire, visage long. Demeurant à la Duchère, elle épousa par
contrat du 4 nivôse an V, Claude de Tircuy de Corcelle (v. note 15),
fils de François-Joseph de Tircuy de Corcelle et de Geneviève Gayot-
Mascrany. Claude de Corcelle étudia à Paris au collège des Grassins
jusqu'à l'âge de 15 ans, puis il entra à l'école militaire où il fut cama-
rade de Napoléon-Bonaparte et de Junot; il fut ensuite nommé sous-
lieutenant dans un régiment de cavalerie en garnison à Monaco; en
s'y rendant, il voyagea jusqu'à Valence avec Bonaparte; c'était au
printemps de 1791; il émigra et passa la frontière à Nice, servit
dans l'armée de Condé jusqu'à son licenciement, alla en Angleterre
où il gagna sa vie en peignant des portraits, des vignettes et des
armoiries. N'ayant pas été porté sur la liste des émigrés, il rentra de
bonne heure en France. Il était fort bien physiquement, de taille
moyenne, fort et agile et avait un esprit vif et piquant. A Lyon, il
avait un atelier contenant forge, tour et établi, il s'intéressait à toutes
les découvertes nouvelles particulièrement à celles relatives à la
vapeur et à la poudre à canon. En 1814, lors de l'invasion des alliés,
il reçut le commandement d'un des bataillons de la garde nationale
de Lyon. En 1815 il commanda la garde nationale de cette ville et
fit partie de la Commission envoyée près de Mâcon au général autri-
chien Bubna pour régler la capitulation de Lyon. A la seconde
restauration, il fut arrêté comme soupçonné d'avoir des sympathies
pour l'Empire, puis relâché avec défense de résider à Lyon et à Paris;
il alla en Belgique, puis de là en Suède et ne rentra en France
qu'en 1818. Il fut nommé en 1819, député du département du
Rhône par le parti libéral, et en 1828 député de la Seine. Il mourut le
22 juin 1843; Mᵐᵉ de Corcelle, décédée à Paris le 4 février 1842,
avait eu, par suite de partage de famille, le château et partie de la terre
de Varax qu'elle vendit au commencement de ce siècle; Mᵐᵉ de

Guichard, sa sœur, qui eut dans son lot Veillères et le reste de la terre de Varax, les aliéna vers 1835 ;

9° François-Marie, fusillé après le siège de Lyon, à l'âge de 17 ans.

VI. JEAN-JACQUES de RIVÉRIEULX DE VARAX DE CIVRIEUX, né et baptisé à Sainte-Croix de Lyon, le 18 mars 1767, filleul de messire Jean-Jacques de Vidaud de la Tour, procureur général au parlement de Grenoble, son oncle maternel, représenté par Claude-César de Rivérieulx de Saint-Nizier, oncle paternel de l'enfant, et de dame Claudine de Rivérieulx, veuve de messire César de Ferrari, seigneur de Romans, chevalier d'honneur au bailliage de Bresse, était bien physiquement, avait des yeux bleus, une belle taille, une physionomie et des allures franches et ouvertes qui peignaient son caractère bon et serviable. Il fit, le 11 septembre 1781, ses preuves de noblesse devant Chérin, pour entrer à l'école militaire et se destinait à une sous-lieutenance le 11 septembre 1784 ; il fut sous-lieutenant de remplacement au régiment de Rouergue-infanterie le 28 juin 1785, sous-lieutenant le 23 septembre 1787 et se retira le 15 septembre 1791. Alors la Révolution le força d'émigrer d'abord en Suisse ; engagé ensuite dans l'armée de Condé, il y fit plusieurs campagnes et rentra en France, vers la fin de 1794, dès que les temps devinrent un peu moins mauvais ; par son activité et son énergie, il eut le bonheur d'arracher des mains de la Révolution ou de racheter des acquéreurs nationaux la plus grande partie des biens de sa famille, la terre de Varax en particulier. Il fut adjoint de Lyon, sous le premier Empire, pendant la mairie de M. d'Albon. En avril 1814, à la nouvelle de la déchéance de Napoléon, il s'y associa avec la chaleur de son caractère et de ses convictions, il fut de la députation envoyée à Vesoul au comte d'Artois. A la Restauration il fut créé chevalier de Saint-Louis le 12 mai 1814, et reçu par Monsieur (depuis le roi Charles X) le 21 septembre, nommé maire de Vaise le 21 mai 1814 et maintenu dans cette fonction jusqu'à la révolution de juillet 1830, nommé le 27 février 1816, membre du Conseil général du département du Rhône, et le 12 février 1811, de l'administration de l'hospice de l'Antiquaille ; il mourut en son château

de la Duchère le 3 mars 1835. Son caractère dominant et distinctif, au dire
de sa fille Agarithe, était une foi vive et ardente qui se manifestait au
dehors par toutes ses actions et jusque dans les saillies et dans les mouvements d'un caractère tout bouillant de vivacité, mais sur lequel cette
même foi lui fit remporter de grandes victoires, dont Dieu seul pouvait
apprécier le mérite et le prix. Le trésor de la foi lui était si cher que
l'estime qu'il en faisait se manifestait sans cesse par ses paroles, il aimait
à en entretenir ses enfants, leur souhaitant ce bien précieux avec des désirs
inexprimables, leur répétant sans cesse que tous les autres biens n'étaient
que boue et néant, et que pour posséder celui-ci, ils devaient avec joie
sacrifier tous les autres. Son attachement à la sainte Eglise catholique,
apostolique et romaine était tendre et sans bornes ; il avait beaucoup de
respect et d'affection pour les ministres de la religion qu'il accueillait
toujours avec un sentiment de bonheur qui brillait sur son front ;
il avait une tendresse merveilleuse pour les pauvres, un besoin
insatiable d'obliger tous ceux qui s'adressaient à lui, comptant pour
rien les peines, les travaux, les sollicitudes qu'il lui fallait essuyer
chaque jour pour cela, surtout dans le cours des différentes administra-
tions qu'il fut appelé à remplir et qui ne furent pour lui qu'un long
et perpétuel acte du plus universel dévouement aux intérêts de Dieu
et à ceux du prochain ; les siens n'étaient jamais mis en parallèle.
Jamais la souffrance ne put abattre son courage, il l'envisageait
toujours comme la marque distinctive des amis de Dieu, comme
des preuves de son amour ; aussi ne produisait-elle dans son âme
d'autres mouvements que ceux de la reconnaissance. Tous les
nobles et grands sentiments qui remplissaient son âme étaient entre-
tenus par la pratique constante et assidue de tous les devoirs de
la religion, la fréquentation des sacrements ; la lecture journalière
de la Sainte Ecriture et de la Vie des Saints faisait ses délices, enfin,
une tendresse de petit enfant pour Marie qu'il honorait spécialement
sous le titre de Notre-Dame des Sept-Douleurs, récitant chaque jour
ce chapelet, outre celui du Rosaire, avec la plus touchante dévotion.
S'il se montra si éminemment chrétien durant toute sa vie et lorsqu'il
jouissait de la plus robuste santé, les infirmités, la maladie qui
l'éprouvèrent durant plusieurs années ne servirent qu'à perfectionner

toutes ses vertus, à les faire briller d'un nouvel éclat, à montrer ce qu'est la fin du Juste et la mort des Saints. Jean-Jacques de Rivérieulx de Varax avait épousé, le 7 avril 1796, MARIE-CONCORDIA-*Adélaïde*-PHILIBERTE DE MURARD, née le 2 mars 1771, fille de Guillaume-Louis de Murard de Saint-Romain, officier au régiment de Picardie, et de Marguerite-Jacqueline-Antoinette Aymard de Francheleins, habitant au château de Francheleins-en-Dombes. Elle fut présentée à la duchesse d'Angoulême, à son arrivée à Lyon, le 6 avril 1814, et mourut le 13 avril 1817, laissant les enfants suivants :

1° Marguerite-Claudine, dite Agarithe, baptisée à Saint-Pierre de Vaise, le 6 mars 1797, filleule de M. Claude Rivérieulx de Varax, son oncle, et de Mme Marguerite-Jacqueline-Antoinette Aymard, veuve de M. Guillaume de Murard. Le 6 avril 1814, elle fut choisie, parmi les jeunes filles des principales familles de Lyon, pour offrir un compliment à la duchesse d'Angoulême, sur la terrasse de l'Archevêché; elle le prononça avec une émotion qui dut toucher la princesse. Elle mourut, en janvier 1850, supérieure des Dames du Sacré-Cœur de Toulouse, avec une haute réputation de sainteté; une notice manuscrite très détaillée sur sa vie a été écrite par son frère M. Gabriel de Varax, qui a également fait un recueil de ses lettres. Elle mourut, dit Mme Barat, comme elle avait vécu, dans le baiser du Seigneur. Cette admirable religieuse disait près de son heure suprême : « Des âmes! des âmes! donnez-moi des âmes, j'en ai faim et soif! vous le savez, ô mon Dieu! » Dans sa dernière nuit, elle déclara qu'elle offrait ses souffrances et sa mort pour les besoins de la Société et aux intentions de la Mère générale. « Venez, Jésus, disait-elle, je ne puis plus vivre sans vous ! » Puis, un instant après : « Laissez-moi étendre mes deux bras en croix et incliner la tête : que je meure comme mon Maître. » Avant le dernier soupir, le mot de pauvreté, qu'on lui fit entendre, lui donna encore un tressaillement de joie. Elle regarda le crucifix, baisa la clef du tabernacle qui reposait sur sa poitrine, inclina doucement la tête et s'endormit en Dieu, son unique trésor. Elle a laissé sur sa chère vertu de pauvreté des instructions qui sont précieusement conservées au Sacré-Cœur;

2° Jean-Claude, dit Jules, baptisé à Saint-Pierre de Vaise le 17 décembre 1798, filleul de Claude-Catherine-Alexandre-François de Murard, son oncle maternel, et de Blanche-Marie-Jeanne Guichard, née Rivérieulx, sa tante paternelle; il mourut le 12 octobre 1828, au château de Magnieu-Hauterive, en Forez, chez son oncle Benoît de Murard de Saint-Romain;

3° Louise, baptisée à Saint-Pierre-de-Vaise le 17 mars 1802, filleule de Jean-Jacques-Gabriel de Vidaud de La Tour, représenté par Jean-Louis Guichard, propriétaire à Trévoux, et de Rose-Jéronime de Murard, veuve de M. Bona de Perrex, représentée par Jacqueline-Antoinette Aymard, veuve de M. de Murard de Saint-Romain. Elle fut religieuse du Sacré-Cœur et mourut pieusement à Paris le 4 février 1832;

4° Gabriel, dont l'article suit;

5° Louis, né le 6 novembre 1807, reçu, le 6 mars 1826, au régiment de cavalerie de Piémont, dit des Cadets; il fut officier au service des États Sardes pendant quelques années, mourut à Paris en janvier 1866 et avait épousé, en 1836, Nathalie Lantin de Montcoy, morte en mai 1877, fille d'Antoine Lantin, baron de Montcoy, et de Rosalie de Beuverand de La Loyère, dont:

    A. André, né à Châlon-sur-Saône le 14 septembre 1838, mort à Lyon le 11 mai 1867, membre de diverses académies, chevalier de différents ordres; il avait épousé à Lyon, le 7 octobre 1865, Luglienne de Jouenne d'Esgrigny, née à Lille, le 17 septembre 1845, fille de Marie-François-Luglien de Jouenne d'Esgrigny, ancien colonel, officier de la Légion d'honneur, et de Marie-Cécile-Eugénie Aronio de Romblay; il n'en a pas eu de postérité;

    B. Bernard, né en décembre 1841, ordonné prêtre en mai 1866, entré dans la Congrégation des Petits Frères de Saint-Vincent-de-Paul et résidant dans la République Argentine.

6° Zoé, née en 1811, mariée, le 7 mai 1832, dans la chapelle du château de La Duchère, à Félix, comte de Mazenod (v. note 16), fils de Michel de Mazenod, ancien conseiller de préfecture, et de N. Courbon de Saint-Genest; elle mourut à Saint-Marcellin, en Forez, au mois de septembre 1846, et son mari à Paris en juin 1877.

VII. Gabriel de RIVÉRIEULX, comte de VARAX, né le 27 octobre 1804 et baptisé à Saint-Pierre de Vaise le 29 octobre suivant, filleul de Benoît-Rose de Murard de Saint-Romain, son oncle maternel, et d'Hélène de Rivérieulx de Varax, épouse de M. de Tircuy de Corcelle, sa tante paternelle, fut membre du Conseil d'arrondissement du département du Rhône et du Conseil municipal de la ville de Vaise; il mourut au château de la Duchère le 4 juillet 1880; le surlendemain, les écoles libres des Frères et des Sœurs, les infirmes de Sainte-Elisabeth, les sourds-muets, les Petites Sœurs des Pauvres de Vaise assistèrent à ses funérailles dans l'église de Saint-Pierre de Vaise, puis il fut enseveli dans le cimetière de la paroisse de La Rajasse, d'où ses restes ont été réunis à ceux de sa femme, de ses deux filles, de son père et de sa mère dans une nouvelle sépulture établie à Loyasse; il a laissé à ses enfants de grands exemples de toutes les vertus chrétiennes, entre lesquelles dominaient la piété, la modestie et la charité. Il avait épousé, le 19 mai 1831, Elisabeth-Félicie de la CROIX-LAVAL, fille de Jean de la Croix-Laval, maire de Lyon, député du Rhône, chevalier de la Légion d'honneur, sous la Restauration, et de Marie-Louise Mogniat de l'Ecluse; elle était née à Lyon le 23 septembre 1810; le 21 octobre 1829, la duchesse de Berry, l'infante, sa sœur et l'infant don Francisco d'Espagne, son beau-frère, étant de passage à Lyon, visitèrent le musée de cette ville, où ils trouvèrent une députation des demoiselles de l'œuvre des Jeunes Economes, au nom desquelles Mlle Félicie de la Croix-Laval, fille de M. le Maire, adressa quelques mots de félicitations à la duchesse de Berry, qui les écouta et voulut bien y répondre avec une touchante bonté; Félicie de la Croix-Laval mourut à la Duchère le 25 mars 1843; de son mariage naquirent:

1° Caroline, née à Lyon le 22 décembre 1832, morte à la Duchère le 25 septembre 1849 ;

2° Emmanuel, qui suit ;

3° Amédée, né à la Duchère le 6 juin 1836, marié à Fareins, le 27 septembre 1860, à Marthe Bouchet, morte à Vals (Ardèche), au mois d'août 1866, fille d'Albert Bouchet et de Félicie Montellier, dont :

A. Félicie, née à Lyon, le 29 novembre 1863, mariée à Messimy, le 10 juillet 1890, au comte Gaspard Richard de Soultrait, né à Lyon le 4 juillet 1855, capitaine au 60e régiment de ligne, fils du comte Georges de Soultrait, trésorier-général et archéologue distingué, et de Désirée-Louise-Julie-Anne Le Jeans. De ce mariage sont issus : Georges, Marthe, Jean et Roger de Soultrait ;

B. Albert, né à Messimy le 5 septembre 1865, mort à Lyon le 2 février 1866 ;

4° Jules, né à la Duchère le 28 avril 1838, marié à Boyer, le 28 avril 1863, à Suzanne Aubel, fille de François Aubel, ancien magistrat, et de Césarine de Latache de Neuvillette, dont :

A. Gabrielle, née à Pymont, le 1er mai 1866, morte au même lieu le 26 octobre 1867 ;

B. François, né le 18 juillet 1867 à Pymont, où il est mort le 20 septembre 1868 ;

C. Henri, né à Pymont le 26 janvier 1869 ;

D. Jacques, né à Pymont le 5 mai 1870 ;

E. Etienne, né à Pymont le 12 avril 1872 ;

5° Paul, né à la Duchère le 25 juin 1840, marié à Lyon, en l'église de de Saint-François le 21 avril 1866, à Adèle de Pomey de Rochefort, née à Lyon le 6 avril 1844, fille d'Hippolyte de Pomey de Rochefort, et de Pauline Ravel de Malval; elle est morte à Rochefort le 2 sep-tembre 1876, laissant :

A. Marie, née le 10 janvier 1869 à Lyon, où elle est morte le 6 mars 1881;

B. Gabriel, né aux Côteaux le 4 juillet 1870 ;

C. Jeanne, née au même lieu le 5 novembre 1871, mariée à Rochefort, le 19 avril 1894, à Louis Rochette de Lempdes, fils de Victor Rochette de Lempdes et d'Adrienne Douvreleur de Gardelles; de ce mariage sont nés Paul et Henri Rochette de Lempdes;

D. Hugues, né à Rochefort le 23 juillet 1873, substitué au nom de Pomey par le testament de son grand-père maternel;

C. Agarithe, née à Rochefort le 3 septembre 1875 ;

6° Marthe, née le 6 octobre 1841 à la Duchère, où elle est morte le 4 mars 1842;

7° Régis, né à la Duchère le 9 février 1843, marié en l'église de Chambilly, le 26 juin 1867, à Marguerite, sœur d'Adèle de Pomey de Rochefort, dont :

A. Joseph, né à Lyon le 19 juillet 1868, marié à Besançon, le 26 mai 1896, à Hélène Ruffier d'Epenoux, fille de Maurice Ruffier d'Epenoux et de Delphine Vandelin d'Augerans ;

B. Valentine, née à Lyon le 11 février 1870, religieuse du Cénacle ;

C. Pauline, née à Rochefort le 12 septembre 1871 ;

D. Louis, né à Rochefort le 1er octobre 1872, mort à Lyon le 7 mars 1873;

E. Louis, né aux Côteaux, le 29 novembre 1873, sous-lieutenant au 105e régiment de ligne ;

F. Pierre, né aux Côteaux le 12 décembre 1875 ;

G. Paul, né aux Côteaux le 5 juin 1877 ;

H. Suzanne, née à Montcoy le 3 août 1878 ;

I. Bernard, né à Montcoy le 19 octobre 1879 ;

J. Antoine, né aux Côteaux le 21 février 1882 ;

K. Elisabeth, née à Rochefort le 18 juillet 1883 ;

L. Raoul, né aux Côteaux le 30 novembre 1885 ;

M. Adèle, née à Montcoy le 10 juillet 1887.

VIII. Emmanuel de RIVÉRIEULX, comte de VARAX, né à la Duchère, le 10, baptisé le 14 août 1834, filleul de Jean-Jacques de Rivérieulx de Varax, son grand-père paternel, et de Suzanne Bellet de Tavernost, comtesse de l'Ecluse, son arrière-grand'mère maternelle, a épousé dans la chapelle de l'archevêché de Lyon, le 4 juillet 1860, Ludovie de JERPHANION, née à Lyon le 27 septembre 1838, fille de Jules, baron de Jerphanion, commandeur des ordres du Saint-Sépulcre et de Saint-Grégoire-le-Grand, et de Louise de Cholier de Cibeins, dont :

1° Henri, qui suit ;

2° Amicie, née à Lyon, le 15 novembre 1862, mariée dans la chapelle de la Duchère, le 20 mai 1884, à Hector Durand de Gevigney, docteur en droit, fils de Roger Durand de Gevigney et de Marie Mareschal de Longeville ; de ce mariage sont nés : Roger, Marie-Thérèse, Marguerite, Bernard, Paule et Henri de Gevigney ;

3° Valentine, née le 8 mars 1865 à Lyon où elle est morte le 29 décembre 1866 ;

4° Françoise, née à la Fay le 23 septembre 1866 ;

5° Jean, né à la Fay le 7 octobre 1868, lieutenant au 26e dragons ;

6° Louise, née à la Fay le 30 octobre 1873;

IX. HENRI DE RIVÉRIEULX, vicomte DE VARAX, né à Lyon le 29 mars 1861, lieutenant au 30e dragons, a épousé à Marseille, le 23 février 1893, MISEL HOUITTE DE LA CHESNAIS, fille d'Edmond Hoüitte de la Chesnais et de Misel Bonnardel, dont :

1° Emmanuel, né le 13 juin 1894 ;

2° Louis, né le 5 septembre 1895.

Branche de Chambost

IV. Messire CLAUDE DE RIVÉRIEULX DE CHAMBOST, baptisé à Saint-Paul de Lyon le 8 août 1701, filleul de Claude Rivérieulx, son oncle, et de Claudine Rivérieulx, sa sœur, fut recteur de l'hôpital de la Charité de Lyon, ayant la direction et intendance des bâtiments dudit hospice, hérita de la charge de secrétaire du Roi, de son père et la vendit en 1731, fut échevin de Lyon en 1739 et 1740, membre du Tribunal de la conservation de cette ville en 1739 et 1776, prévôt des marchands de Lyon de 1776 à 1778, chevalier d'honneur de la Compagnie des chevaliers de l'Arquebuse de Villeneuve de Lyon en 1777. Il était baron de Chambost-Longessaigne qu'il acheta, en 1741, d'Abraham, comte de Thélis; seigneur de la Fayette et de la Ferrandière. Demeurant à Lyon, paroisse Saint-Martin-d'Ainay, il testa le 10 mars 1785, légua 600 livres aux pauvres de la paroisse de Chambost et fut inhumé à Ainay le 20 avril 1790. Il avait épousé, le 28 avril 1731, par contrat du 20, demoiselle HÉLÈNE MOREL, fille de François Morel, banquier, bourgeois de Paris, plus tard conseiller à la Cour des Monnaies de Lyon, et de dame Anne Simonnet, demeurant ordinairement à Paris dans l'hôtel de Montbazon, rue Bétisy, paroisse de Saint-Germain-l'Auxerrois; il en eut :

1° Messire Claude-Antoine de Rivérieulx de la Ferrandière, seigneur de la Ferrandière, demeurant à Lyon, rue Sala, paroisse de Saint-Martin-d'Ainay, qualifié chevalier, mort victime de la Révolution à Lyon, en 1794, et marié à Sainte-Croix de Lyon, le 26 octobre 1779, à demoiselle Claudine Bertholon, fille de messire Pierre Bertholon, écuyer, contrôleur des véneries et fauconneries de France, et de dame Catherine Carron; il n'en eut pas de postérité;

2° Dominique-Claude, qui suit;

3° Blanche, née le 16 octobre 1737, mariée, par contrat du 7 septembre 1768, à messire Henry Arthaud de Bellevue de la Ferrière (voir note 17), chevalier, demeurant à Lyon, paroisse d'Ainay, seigneur de la Feuillade, Rontalon, Le Surgeon, esprit original, auteur de quelques opuscules, né le 17 février 1735 à Lyon, où il est mort le 28 février 1826, fils de messire Philibert Arthaud, écuyer, seigneur de Bellevue, conseiller en la Cour des Monnaies, Sénéchaussée et Siège présidial de Lyon, et de dame Claudine Dugas ;

4° Marie, mariée par contrat du 17 janvier 1758, à Dominique Vouty, (v. note 18), écuyer, demeurant à Lyon, paroisse Saint-Pierre et Saint-Saturnin, seigneur de la Tour de la Belle-Allemande, Vescours, Montalibert, Montsimon et Chavannes, mis à mort par la Commission révolutionnaire, le 23 frimaire an II, à l'âge de 68 ans, fils de Claude-André Vouty, écuyer, secrétaire du Roi, et de dame Catherine Michel ;

5° Étienne-César de Rivérieulx du Montcel, né le 26 septembre 1738, mort à Fontaines (Rhône), le 30 août 1817 ; il était aux Grandes-Indes en 1785 ;

6° Jean-Baptiste-Antoine, né le 26 mai 1742, inhumé à Ainay le 24 avril 1749 ;

7° Hugues-Anne, né le 29 mai 1743 ;

8° Anne-Victoire, née le 25 septembre 1745, mariée à Ainay le 11 juillet 1764, par contrat du 17, à messire Fleuri-Zacharie-Simon Palerne de Savy (v. note 19), né le 5, baptisé à Saint-Paul de Lyon, le 6 décembre 1733, chevalier, avocat général en la Cour des Monnaies, Sénéchaussée et Siège présidial de Lyon, y demeurant, paroisse d'Ainay, membre de l'Académie de Lyon, premier maire de cette ville du 12 août au 23 décembre 1790, président du district de Lyon en 1791, mort au Bourg-Argental en 1835, fils de messire Vincent Palerne, trésorier de France, seigneur de Chaintré et de Saint-Amour, et de Catherine Clapeyron ;

9° et 10° Louis et François, nés le 4 février 1748 ;

11° Hélène, inhumée à Ainay le 19 janvier 1750.

V. Messire Dominique-Claude de RIVÉRIEULX, baron de CHAMBOST, seigneur de la Fayette, baptisé le 5 septembre 1735, fut mousquetaire du Roi dans sa première compagnie et pourvu de l'office de capitaine chevalier du guet de Lyon le 23 avril 1766 ; il se qualifiait chevalier et demeurait à Lyon, rue du Peyrat, paroisse Saint-Martin-d'Ainay. Dans son certificat de non-émigration du 8 ventôse an VI, il a le signalement suivant : taille de 5 pieds, 6 pouces, cheveux grisaillés, sourcils *idem*, yeux gris, nez gros, bouche moyenne, menton rond fosseté, front grand, visage plein et coloré. Il épousa, le 5 octobre 1767, à Saint-Nizier de Lyon, par contrat du 19 septembre, demoiselle MARIE-ANNE PERRIN, fille de messire Antoine Perrin, conseiller du Roi, essayeur particulier de la monnaie de Lyon, et de dame Marguerite du Soleil ; Marie-Anne Perrin testa le 21 et mourut le 24 novembre 1776, laissant :

1° Claude-Marie, qui suit ;

2° Claudine-Antoinette, baptisée à Saint-Nizier le 25 avril 1770, filleule de messire Antoine Perrin, essayeur, son aïeul maternel ; elle mourut, sans postérité, le 3 janvier 1850, au château des Echelles, à Ambérieu, en Bugey, et avait épousé à Ainay, le 5, par contrat du 4 mai 1789, messire Claude-Louis de Bollioud de Chanzieu, chevalier, officier de dragons au régiment de la Reine, tué à la tête de la cavalerie lyonnaise, pendant le siège, fils de messire Claude-François de Bollioud de Chanzieu, chevalier, seigneur de Lorette, et de dame Louise-Claudine Dugas, demeurant à Lyon, paroisse Saint-Nizier ;

3° Anne-Hélène, baptisée, le 4 août 1771, à Ainay, où elle fut inhumée le 18 ;

4° Jean-Baptiste-Alexandre, baptisé à Ainay le 9 novembre 1775, mort avant 1777 ;

VI. Claude-Marie de RIVÉRIEULX, comte de CHAMBOST, né le
10, baptisé à Saint-Nizier le 11 janvier 1769, filleul de Claude Rivérieulx,
écuyer, seigneur de Chambost, fut garde du corps du Roi dans la compagnie de Villeroy, sous-lieutenant de remplacement aux dragons de la
Reine le 28 avril 1788, réformé en mai 1788 et replacé sous-lieutenant de
remplacement le 11 août 1789; il était au camp de Saint-Omer, en 1788.
Emigré avec la presque totalité des officiers de son régiment, en 1791, il
se rendit d'abord en Savoie, et ensuite à Coblentz, où son colonel, le duc
de Grammont, le fit entrer comme agrégé dans la 2e compagnie des
gardes du corps du Roi: il y fit la campagne de 1792 sous les ordres des
Princes. Le 28 juin 1792, il se rendit à Sursée (Suisse) où résidait sa
femme, et il y arriva le 17 novembre; il venait de Coblentz. A la fin de
1795, il crut pouvoir rentrer en France; la loi du 18 fructidor le força à
retourner en Allemagne. Rentré en France en 1800, il vint à Paris, où il
obtint la permission d'habiter Lyon, mais il ne fut rayé de la liste des
émigrés qu'à l'époque de la convocation de la diète cisalpine. Désigné
membre du collège électoral du département du Rhône, il refusa d'en
exercer les fonctions pour ne pas signer un acte de soumission et d'obéissance à Bonaparte et à son gouvernement, quoique ce refus entraînât la
déchéance de ses droits civils. Dans un passeport du 11 fructidor an V,
il a ce signalement : taille de 5 pieds, 10 pouces, 6 lignes, cheveux et
sourcils châtains, front ordinaire, yeux gris, nez ordinaire, bouche petite,
menton à fossette, visage ovale; il habitait alors Cailloux-sur-Fontaines.
Nommé en 1804 administrateur de l'Hospice de l'Antiquaille, il fut créé,
en 1816, président de l'Administration de cet hospice. En 1810, il fut élu
trésorier de l'Œuvre de la Charité maternelle; il fut vice-président de la
Société royale d'Agriculture et des Arts utiles de Lyon. En 1814, il vint à
Paris, obtint la croix de Saint-Louis et fut reçu chevalier à Lyon, le
21 septembre, par Son Altesse Royale Monsieur, qui le nomma, en 1815,
colonel de la garde nationale à cheval de Lyon. Peu de jours après,
Monsieur ayant été obligé de quitter Lyon, il partit le même jour à la
tête de quelques cavaliers de la garde nationale et prit la route de
Montbrison pour se rendre à Moulins, où il croyait trouver une réunion
de royalistes. Sa troupe se grossit pendant ce voyage d'un bon nombre

de gentilshommes qui se mirent sous ses ordres. A son arrivée à Moulins, il alla prendre ceux du marquis de Frondeville, préfet de l'Allier, qui l'accueillit avec distinction et fit distribuer des logements à sa troupe. Il y fit le service de concert avec la garde nationale à cheval, jusqu'au moment où la nouvelle de l'entrée de Napoléon à Paris le força à rentrer dans ses foyers et à dissoudre le corps qu'il avait l'honneur de commander. Revenu chez lui, il correspondit toujours avec le comte de Fargues, maire de Lyon, destitué par Bonaparte, sur les moyens de rétablir la monarchie légitime ; il avait préparé, dans les montagnes du Forez, un noyau de royalistes dévoués, qui devaient coopérer avec ceux de Lyon, pour l'exécution de cette entreprise. A la deuxième Restauration, il fut nommé colonel-commandant de la garde nationale à pied et à cheval de Lyon, et chargé seul, pendant près de deux ans, de la garde de la ville et de la répression des tentatives de malveillance, qui étaient dirigées sur Lyon leur principal point d'attaque. Lors de la conspiration de Grenoble, il obtint un détachement de 600 hommes à pied et 30 cavaliers de la garde nationale de Lyon, qui partit avec quelques troupes de ligne et fit le service pendant près d'un mois avec la garnison de Grenoble. En 1817, une conspiration éclata le 8 juin à Lyon et dans le département ; la garde nationale fut employée très utilement à sa répression. M. de Chambost était chevalier de la Légion d'honneur ; il fut député du département du Rhône de 1820 à 1822, vice-président de la Commission des Hospices civils de Lyon de 1815 à 1818, président de 1819 à 1824. Des services personnels rendus au roi Charles X lui valurent d'être titré comte et décoré de la bouche même du Roi ; il mourut le 13 février 1827 ; c'était un véritable homme de bien, qui emporta dans la tombe l'estime et les regrets de la Cité. Il avait épousé, par contrat du 16 octobre 1790, MARIE-THÉRÈSE GESSE DE POISIEU, fille de messire Georges-Antoine Gesse, écuyer, seigneur de Poisieu, Janeyriat et Malatrait, conseiller d'honneur en la Cour des Monnaies, lieutenant-général en la Sénéchaussée et Siège présidial de Lyon, et de dame Marie Testel, demeurant à Lyon, place Louis-le-Grand ; il en eut :

1° Christine, née à Aix (Savoie), le 5 septembre 1791, mariée d'abord, à Lyon, le 8 mai 1812, à François-Jean-Marie de Meaux, ancien officier d'artillerie, baptisé à Saint-Pierre de Montbrison, le 6 janvier 1770, mort à Montbrison, le 30 novembre 1812, fils de Durand-Antoine de Meaux, seigneur du Périer, du comté de Saint-Just-en-Chevalet et du marquisat d'Urfé, lieutenant-général au Bailliage et Sénéchaussée de Forez, président au dit Bailliage, lieutenant de police de la ville et du faubourg de Montbrison, et de Marie-Marguerite Baillard de Saint-Méras, dont elle n'eut pas de postérité, puis, le 27 mai 1822, à David Daudé (v. note 20), chevalier, né à Lyon le 16 octobre 1785, mort à Rochetaillée le 28 juillet 1861, fils de Jean-Baptiste Daudé, chevalier, seigneur du Poussey, et de Madeleine Rambaud; elle est décédée à Rochetaillée le 12 juillet 1872;

2° Emilie, née à Sursée, canton de Lucerne (Suisse), le 6 octobre 1793, morte le 4 février 1873, mariée, à Lyon, le 30 août 1812, à Edme Bachey-Deslandes (v. note 21), né à Beaune le 14 juin 1786, fils de Jean-Joseph Bachey-Deslandes, président du Tribunal civil de Beaune, et de Marie-Caroline Pelleterat de Borde;

3° Charles, qui suit;

4° Marie-Elise, née à Lyon le 15 juillet 1797, elle y épousa le 19 avril 1820, Charles-Brice-Hubert Languet de Civry, né à Maligny (Côte-d'Or) le 3 octobre 1791, fils de Charles-Philippe Languet de Sivry et de Marie-Louise de Balay; elle mourut sans postérité;

5° Hippolyte, auteur d'un rameau fixé en Savoie, qu'on trouvera plus loin;

6° Hélène, née le 15 août 1802, mariée à Jean-Pierre-Frédéric-Julien du Coignet des Gouttes (v. note 22);

7° Sabine, née à Lyon le 18 novembre 1803, morte le 13 février 1887, mariée d'abord, le 7 février 1824, à Louis-Charles, baron de Brosse (v, note 23), demeurant à Pradines, né à Lyon le 3 pluviôse an IV, mort le 3 janvier 1846, fils de Jean-François-Marie, baron de Brosse, officier au régiment de Chartres-dragons, et de Jeanne-Sibille de Varenne-Bissuel : elle s'est remariée à Théodore du Rozier, député de l'arrondissement électoral de Feurs, mort en 1855, dont elle n'a n'a pas eu de postérité ;

8° Ludivine, née le 25 décembre 1805, morte le 7 avril 1855, au château de Chardonnay, près Tournus, mariée à Alceste, baron de Chapuys-Montlaville, préfet de divers départements et commandeur de plusieurs ordres (v. note 24), né à Tournus le 19 septembre 1800, fils d'Antoine-César-Valérien de Chapuys-Montlaville et de Jeanne-Marie-Antoinette de Lippens ;

9° Caroline, née le 11 novembre 1807, morte le 12 janvier 1877, mariée à Gabriel-Barthélemy Penet, comte de Monterno (v. note 25) ;

10° Dominique-Ennemond, né le 5 août 1809, mort jeune.

VII. Charles de RIVÉRIEULX, comte de CHAMBOST, né à Sursée (Suisse), le 17 septembre 1795, fut garde du corps du roi Charles X, dans la compagnie de Grammont et mourut au château de Poisieu, le 9 décembre 1876 ; il épousa à Lyon, le 27 août 1823, Léonice LABITANT, née à Lyon le 22 brumaire an XIII, fille de Jean-François Labitant, ancien magistrat, et de Catherine-Sophie Imbert, il en eut :

1° Claude-Antide, né à Lyon le 25 juin 1824, mort en bas-âge ;

2° Anatole qui suit ;

3° Marie, née à Lyon le 3 juin 1828, morte, au château de Poisieu, le 3 juillet 1879 ;

4° Hippolyte, né à Lyon le 1er septembre 1830 ;

5° Marie-David-Colombe, née à Lyon le 31 décembre 1832, morte jeune.

VIII. Anatole de RIVÉRIEULX, comte de CHAMBOST, né à Lyon le 24 janvier 1826, mort le 29 août 1894, a épousé le 8 mai 1851 Hedwige ROCHES-RANVIER de BELLEGARDE, qui lui a apporté le château de Bellegarde en Forez, née à Lyon, le 5 décembre 1827, fille d'Adolphe-

Jean-Marie-Marguerite Roches-Ranvier de Bellegarde, juge au Tribunal civil de Lyon, et de Marie-Jeanne-Mathilde Berger du Sablon ; il en a eu :

1° Bathilde, mariée le 26 juin 1877, à Joans de Limoge-Dareste de Saconay, né à Lyon le 5 juin 1851, fille de Léon de Limoge-Dareste de Saconay et d'Anne-Zoé-Suzanne de Luzy, dont : Marguerite et Agnès Dareste de Saconay ;

2° Blanche, née à Lyon le 2 mai 1854, mariée, le 18 août 1881, au vicomte Raymond de Lescure, fils de Jean-Gabriel-Ernest, comte de Lescure, et de Noémi de Jessé-Levas, dont : Vivien et Geneviève de Lescure ;

3° Marguerite, née à Lyon le 22 juin 1858, morte le 30 janvier 1874 ;

4° Marie-Thérèse, née à Lyon le 27 octobre 1863, mariée, le 14 mai 1891, au baron René Dugas de la Catonnière, fils du baron Charles Dugas de la Catonnière et de Félicie Légier de Montfort de Malijay, dont : Edouard Dugas de la Catonnière ;

5° Marthe, née le 2 mai 1866.

Rameau de la branche de Chambost
établi en Savoie.

VII. Hippolyte comte de RIVÉRIEULX de CHAMBOST, né le 25 avril 1801, fut officier de la garde du roi d'Espagne, député au parlement Sarde, chevalier des Saints Maurice et Lazare, et mourut le 3 mai 1873 ; il épousa d'abord, en l'église métropolitaine de Chambéry, Anne-Louise de PERRIN de LÉPIN, fille de Louis-Bonaventure de Perrin, comte de Lépin, colonel-adjudant-général d'infanterie, chevalier des Saints Maurice et Lazare, et de Jeanne-Rose Sarcet, dont :

1° Tancrède, qui suit.

Il se remaria à Gilberte-Isidore-Betty Plomchamp de Cluses, morte le 18 décembre 1870, à 66 ans, dont :

1° Marie, mariée à Edouard de la Barge de Certeau, fils d'Auguste de la Barge de Certeau et de Françoise-Marie Pinet, dont elle a eu : Hubert, Ludovic, Bruno, Roland, Rémy, Renée, mariée, en 1883, au comte Avet, général dans l'armée italienne; Eugénie de Certeau, mariée d'abord à N. Blanc, puis à Paul Martin ;

2° Louis de Rivérieulx, vicomte de Chambost, né à Saint-Jean-de-la-Porte (Savoie), le 20 septembre 1839, marié, le 21 mai 1866, à sa cousine germaine Marie Penet de Monterno, née à Thoissey le 14 mars 1845, fille de Gabriel-Barthélemy Penet, comte de Monterno, et de Caroline de Rivérieulx de Chambost, dont :

A. Gabriel, né le 12 juin 1867, mort aux eaux de Salins-Moutiers le 8 juillet 1884 ;

B. Marie-Louise, née le 16 juillet 1870, mariée, le 18 janvier 1893, à René Durand de Gevigney, fils d'Albert Durand de Gevigney et de Marie Courlet de Boulot ; de ce mariage sont venus Albert et Ludovic de Gevigney ;

C. Alexandre, mort jeune ;

D. Hubert, né le 24 juillet 1876 ;

E. Georges, né le 2 juillet 1886.

VIII. Tancrède de RIVÉRIEULX de CHAMBOST, comte de LÉPIN, épousa, le 26 avril 1863, Edith FAVIER du NOYER, morte en 1876, dont :

1° Jeanne, née à Bassens (Savoie), le 12 juin 1854, mariée. le 27 décembre 1882, à Auguste Angleys, fils du baron Jean-Marie Angleys, dont : Albert Angleys ;

2° Camille, née à Bassens, le 4 juin 1857, religieuse du Sacré-Cœur ;

3° Marie, née le 24 mai 1858, à Bassens, où elle est morte le 17 août 1882 ;

4° Inès, née à Bassens, le 24 mars 1861, fille de la Charité ;

5° Albert, né à Bassens, le 21 mai 1863, marié, le 21 novembre 1894, à Marie de Menthon d'Aviernoz, fille du comte Bernard de Menthon d'Aviernoz et d'Alice de Luvigne ;

6° Roger, né à Bassens, le 25 janvier 1867 ;

7° Henri, né à Bassens, le 4 septembre 1871.

Les Rivérieulx de Verneuil et de St-Chamond

Pierre RIVÉRIEULX, notaire royal à Verneuil, en Bourbonnais, lieu peu éloigné de Jaligny, épousa Claude La ROCHE, dont :

1° Marie, mariée, le 3 novembre 1663, à Verneuil, à Jacques Blein.

Gilbert RIVÉRIEULX, habitant à Verneuil, sans doute fils de Pierre susnommé, eut de Suzanne MARTINET :

1° Gilbert, né à Verneuil en 1674.

Jean RIVÉRIEULX, demeurant à Saint-Chamond, eut d'Antoinette FERRIOL, qui était sans doute fille de Christophe Ferriol et de Jeanne de la Roue :

1° Jeanne, née à Saint-Chamond, le 7 novembre 1659, filleule de maître Pierre Rivérieulx, notaire royal à Verneuil, en Bourbonnais, et de demoiselle Jeanne de la Roue ;

2° Christophle, né à Saint-Chamond, le 1er juillet 1660, filleul de Christophe Ferriol et de demoiselle Marie Rivérieulx.

Claude RIVÉRIEULX, demeurant à Saint-Chamond, eut de demoiselle Claudine BARO :

1° Arthaud, né à Saint-Chamond, le 1er novembre 1662.

Descendance féminine des Rivérieulx

CHAPITRE II

————

1. CLAUDINE DE RIVÉRIEULX eut d'ANNET ALBANEL : Claudine, religieuse au monastère de Saint-Benoît de Lyon, Etienne-Annet Albanel, mort jeune.

2. CLAUDINE DE RIVÉRIEULX eut de NICOLAS FOY DE SAINT-MAURICE :

  aa. Augustin-Nicolas Foy de Saint-Maurice, chevalier de Saint-Louis, brigadier des armées du Roi, tué à Ettingen ;

  ab. Etienne Foy de Saint-Maurice de Champvieux, chevalier de Saint-Louis, capitaine au régiment Lyonnais ;

  ac. Marc-Antoine Foy de Saint-Maurice, marié, en 1745, à Pierrette de Rivérieulx, dont :

    ba. Jeanne-Nicole Foy de Saint-Maurice, mariée à Antoine-Simon de Luvigne, dont :

      ca. Jeanne-Simonne de Luvigne, mariée, en 1786, à Henri Pécoult.

3. GABRIELLE-ANGE-JOSÉPHINE DE RIVÉRIEULX a eu de PAUL-LOUIS DE FERMON :

  aa. Paul de Fermon, mort en 1868, à 29 ans ;

ab. Fanny de Fermon, morte jeune ;

ac. Marie de Fermon, mariée, en 1867, à Emmanuel Phelippes-Beaulieu, dont un fils ;

ad. Anne de Fermon, mariée à Jules Jollivet, général de division d'infanterie, dont un fils et deux filles.

4. Laure-Marie-Antoinette de RIVÉRIEULX a eu de Nicolas CONSEIL :

aa. Armand-Marie Conseil, marié à Modeste-Louis Yger, dont :

    ba. Marie-Jeanne Valérie Conseil, mariée à Gaston Le Monnier, dont postérité ;

    bb. Marie-Anne Conseil, mariée à Victor-Martial Normand, dont : André-Emile Normand ;

ab. Laure-Marie-Michelle Conseil, mariée à Auguste-Jean Le Jeune, mort sans postérité.

5. Aline-Jeanne-Gabrielle de RIVÉRIEULX a eu d'Alexandre LE MONNIER :

aa. Alexandre Le Monnier, marié à Louise-Alexandrine Bonnet, dont :

    ba. Gabriel Le Monnier ;

    bb. Gaston-Armand Le Monnier, marié à sa cousine Marie-Jeanne-Valérie Conseil, dont un fils ;

ab. Henri Le Monnier, marié à Wilhelmine-Léontine Saget de la Jonchère, sans postérité ;

ac. Albert Le Monnier, mort célibataire.

6. Adeline de RIVÉRIEULX a eu de Louis ROUXEL de VILLE-FÉRON : Louis, marié à Anna Le Pomellec, dont postérité : René, François de Villeféron.

7. Marguerite de RIVÉRIEULX a de René de KERROS : Roger, Marthe, Edith, Geneviève de Kerros.

8. Marie de RIVÉRIEULX a de Louis ROUXEL de VILLEFÉRON :
Henri, François-Marie-Paul, Armand-Marie-Joseph de Villeféron.

9. Claudine de RIVÉRIEULX eut de Claude-César de FERRARI :

aa. Etienne-Lambert de Ferrari, comte de Romans, chevalier de
Saint-Louis, lieutenant de Roi de Bresse et Bugey, capitaine au
régiment Lyonnais, marié, en 1750, à Marie-Marguerite-Gertrude
Charrier de la Roche-Jullié, dont :

   ba. Guillaume-César, comte de Romans-Ferrari, page de la Dauphine,
   lieutenant au régiment Dauphin-dragons, vivant en 1789, marié
   à N. de la Frasse de Sury, dont :

      ca. Hippolyte, comte de Romans-Ferrari, mort célibataire en 1858;

      cb. Hyacinthe-Suzanne-Claudine de Ferrari de Romans, morte en
      1879, mariée à Victor Chollet, baron du Bourget, mort en
      1866, dont :

         da. Victor-Hyacinthe-Camille, baron du Bourget, gentilhomme
         de la chambre du roi de Sardaigne, mort en 1881, marié à
         Claudine-Armande-Blanche de Regnauld de Parcieu, dont :

            ea. Marie-Françoise-Hyacinthe du Bourget, mariée, en 1856,
            à Ernest de Salteur, marquis de La Serraz, dont :
            Augusta, mariée, en 1881, à Jules Quarré de Verneuil,
            Elisabeth, mariée, en 1884, à Armand de Faure,
            Mathilde, mariée en 1884, à Louis de Piépape, Françoise,
            Pierre, marié, en 1890, à Madeleine de Chieusses de
            Combaud, Geneviève, mariée, en 1892, à Raymond
            Bernard de Dompsure, Othon de La Serraz ;

   cc. Jules, comte de Romans-Ferrari, marié, en 1834, à Hortense-
   Geneviève-Marianne, princesse de Bauffremont-Listenois;

   cd. Charles, comte de Romans-Ferrari, officier de cavalerie, mort
   en 1850, marié, en 1825, à Catherine-Hippolyte de Merlin
   de Saint-Didier de Louvat, sa cousine germaine, morte
   en 1846, dont :

da. Ernest, comte de Romans-Ferrari, mort en 1896, marié, en 1859, à Marie-Laure de Bernard de Montessus, dont : Charles, Marie, mariée, en 1884, à Louis Grand de Rivoire, Charlotte-Marie-Marguerite de Romans ;

db. Césarine de Romans, religieuse du Cénacle;

bb. Claude-César de Romans, chanoine d'Ainay, né en 1751 ;

bc. Jean-Baptiste de Romans, né en 1753, lieutenant au régiment de Bretagne ;

bd. Françoise-Thérèse de Romans, mariée, en 1772, à Antoine-Isidore de la Roche-Grosbois, mousquetaire du Roi, dont :

  ca. Ferdinand, baron de La Roche-la-Carelle, mousquetaire, mort en 1866, marié à Jeanne-Claudine-Marie-Thérèse Collabaud de Juliénas ;

be. Jean-Baptiste-Blanche de Romans, page de la comtesse de Provence, né en 1755;

bf. Jacques-Catherin-Hugues-César de Romans, qui servit dans la Marine, puis chanoine d'Ainay ;

bg. Louis-Fleury de Romans, chanoine de Saint-Paul ;

bh. Hippolyte-Claudine de Romans, mariée à N. de la Coste, sans postérité;

bi. Charlotte-Françoise de Romans, mariée à son cousin germain Jean-Baptiste Agniel de Chênelette ;

bj. Hélène-Marie de Romans, mariée, en 1787, à Aimé-Bernard, comte de Royer de Saint-Micault, capitaine de dragons, dont :

  ca. Victoire de Saint-Micault, mariée en 1811, à N., baron de Jarsaillon, dont :

    da. Thaïs de Jarsaillon, mariée, en 1838, à Léon, marquis d'Avout, dont :

      ea. Itier, marquis d'Avout, marié en 1866, à Jeanne de Perrey, dont : Jean, marié à Louise de Rémusat, Guy, Charles d'Avout, prêtre ;

      eb. Edgard, comte d'Avout, marié en 1872, à Angèle de la Rocque de Chanfrey, dont Henri, Marie, Robert d'Avout ;

ec. Jeanne d'Avout, mariée, en 1873, à N., baron du Verger
de Saint-Thomas des Eperts, dont : Régis, Marguerite
Gaétan du Verger ;

bk. Blanche de Romans, mariée à N. de Merlin de Saint-Didier,
comte de Louvat, dont :

   ca. Hippolyte-Catherine de Louvat, mariée, en 1825, à son cousin
germain Charles, comte de Romans ;

bl. Olympe de Romans, morte en 1850, mariée à N. Trollier de
Jousselin, sans postérité ;

ab. Marie-Anne de Ferrari de Romans, mariée, en 1735, à Pierre-Henry
Agniel, seigneur de Chênelette, trésorier de France, dont :

ba. Jean-Baptiste Agniel de Chênelette, né en 1739, lieutenant-
colonel d'artillerie, chevalier de Saint-Louis, un des plus
renommés lieutenants du général de Précy, pendant le siège
de Lyon, marié à sa cousine germaine Charlotte-Françoise de
Ferrari de Romans, dont :

   ca. Théodore, comte de Chênelette, marié, en 1832, à Louise-
Suzanne-Ernestine Michon de Vougy, dont :

      da. Marie de Chênelette, mariée, en 1858, à Léon Boulard,
comte de Gatellier, dont : Louise, religieuse du Cénacle ;
Maurice, Charles, marié, en 1892, à Thérèse Le Rebours,
Esther de Gatellier, religieuse du Cénacle ;.

      db. Rémy, comte de Chênelette, marié, en 1864, à Léontine
Dauger, dont : Henri, Jean, Catherine, Adrienne, mariée,
en 1893, à Henri de Saint-Pierre, Suzanne, Henriette de
Chênelette, mariée, en 1893, à Fleury de Saint-Charles ;

   cb. Claudine-Marie-Etienne-Hyacinthe de Chênelette, mariée en
1813, à Balthazar-Augustin Hubert, baron de Saint-Didier,
dont :

      da. Ennemond, baron de Saint-Didier, marié à Pauline Férès,
dont : Fernand, marié, en 1885, à Geneviève de Vallée,
Béatrice, mariée en 1866, à Gaston d'Entraigues, Berthe,
Isabelle de Saint-Didier ;

db. Cyrille de Saint-Didier, mort en 1880, marié à N. de Lastic, dont : Yvonne, mariée, en 1893, au vicomte Henri de Lastic, Henriette, Odette de Saint-Didier ;

dc. César de Saint-Didier, marié à N. de Gallembert, dont un fils ;

dd. Clémence de Saint-Didier, religieuse de Saint-Vincent de Paul ;

de. Victorine de Saint-Didier, mariée à Charles Le Clerc, marquis de la Verpillière, dont :

    ea. Théodore, marquis de la Verpillière, marié à Jeanne-Julia-Thérèse Moulun, dont postérité ;

    eb. Pauline de la Verpillière, mariée, en 1865, à Alphonse de Garnier des Garets, dont postérité ;

ac. Hugues-César de Ferrari de Villette, né en 1722, chanoine de Saint-Paul de Lyon.

10. BLANCHE-ANNE-MARIE DE RIVÉRIEULX DE VARAX eut de PIERRE-THIMOLÉON GAULTIER DE PUSIGNAN :

aa. Hugues Gaultier, marquis de Pusignan, officier au régiment de Lyonnais, né en 1745, marié d'abord à N. de Bressac, puis à Hélène de Chaponay-Feysin, morte vers 1830 ; il n'eut pas de postérité.

11. ANNE DE RIVÉRIEULX DE VARAX DE SAINT-NIZIER eut de MICHEL-ANTOINE-MARIE DE REYNOLD DE CHAUVANCY :

aa. Charles de Chauvancy, marié à Léonie Michon de Pierreclau, dont deux filles mortes en bas-âge ;

ab. Hyacinthe de Chauvancy, mariée à Emile Mari, mort en 1878, conseiller à la Cour Royale de Nice, dont :

    ba. Blanche Mari, mariée, en 1857, au comte Fortuné Michaud de Beauretour, dont : Félix, Victorine, mariée, en 1885, à Félix Poullan, Marguerite Michaud de Beauretour, mariée, en 1892, à Hippolyte-Eugène Hancy.

12. Reine-Victoire de RIVÉRIEULX de VARAX de SAINT-NIZIER a eu de Jean-François de BORSSAT de la PÉROUSE :

aa. Charles de la Pérouse, marié, en 1845, à Valérie Pupil de Sablon, dont Henri, Marie, veuve avec un fils et une fille, de Stéphane Arbod, Alexandre de la Pérouse ;

ab. Laure de la Pérouse, mariée à Victor de Guelle, dont : Abel, Zoé de Guelle et trois autres fils, morts sans postérité.

13. Marguerite-Elisabeth de RIVÉRIEULX de VARAX eut de Jean-Baptiste de NOYEL de BÉREINS :

aa. Claudine-Hélène de Noyel de Béreins, mariée, en 1781, à Jean-Joseph-François de Lescure, mousquetaire du Roi, chevalier de Saint-Louis, dont :

    ba. Jean-Charles-François, marquis de Lescure, marié, en 1806, à Catherine-Claudine de Girard de Vaugirard, dont :

        ca. Jean-Baptiste Waldek, marquis de Lescure, marié à Jeanne-Louise Meylane, dont postérité ;

ab. Marc-Antoine de Noyel, comte de Béreins, seigneur de Sermézy, officier au régiment de Royal-Dragons, marié, en 1789, à Clémence-Sophie Dandignac, dont :

    ba. Léon, comte de Sermézy, mort en 1863, marié à Eudoxie des Champs de la Villeneuve, morte en 1876, sans postérité ;

    bb. Elisabeth-Marguerite de Sermézy, mariée à N. de Brévanne, sans postérité ;

ac. Hélène-Alexie de Noyel de Mons, mariée en 1784, à Antoine-Marie-Victor de Villette, dont :

    ba. N. de Villette, femme de N. de la Place, mort en 1836, dont un fils et une fille morts sans postérité ;

    bb. Etienne-Joseph-Marie-Antoine-François de Villette, marié à N. de Saint-Martin, dont :

ca. Marie-Hélène-Augustine de Villette, mariée, en 1835, à Henri-Pierre-François de Charbonneau, dont une nombreuse postérité;

ad. Suzanne de Noyel de Béreins, mariée à N. de Trimouille, dont :

ba. N. de Trimouille, femme de N. d'Heurtault de Beaufort, dont :

ca. N., comte de Beaufort, marié à N. N., dont :

da. Maurice, comte de Beaufort, marié, en 1870, à Jeanne de Valette.

14. HÉLÈNE DE RIVÉRIEULX DE VARAX eut de JOSEPH DE REVOL :

aa. Jean-Claude, comte de Revol, né en 1766, marié à Henriette d'Urre, morte en 1858, dont :

ba. Joseph, comte de Revol, mort célibataire ;

bb. Félicie de Revol, mariée, en 1821, à Adolphe-Louis-François, comte de Monts de Savasse, dont :

ca. Henri, comte de Monts, marié, en 1862, à Hélène Gardon de Calamand, dont : Alain, Hugues, marié, en 1896, à Céleste Seguin de Jallerange, Elisabeth, Blanche de Monts ;

cb. Louis, comte de Monts, mort en 1895, marié en 1869, à Marie-Clémentine de Monteynard, dont : Pierre, Marguerite, Bertrand, Robert de Monts ;

cc. Hélène-Joséphine de Monts, morte en 1853, mariée, en 1851, à Louis Lagier de Vaugelas, dont : Joséphine-Hélène de Vaugelas ;

bc. Christine de Revol, morte en 1882, mariée à Louis Modeste de Morard, marquis d'Arces, dont :

ca. N., marquis d'Arces, marié, en 1866, à Marie de Monteynard, dont : Isabelle, mariée, en 1896, à Roger Vallentin, Alix, novice au Sacré-Cœur, Raymond, Louise, Jeanne d'Arces ;

cb. Marie d'Arces, mariée, en 1862, à Léon Passerat de la Chapelle, dont : Charles, Blanche, Clémentine, Thérèse, Adèle, Léopold de la Chapelle ;

cc. N.. d'Arces, mariée, en 1884, à Gaston, marquis de Chaumont, dont : Marie, Henriette de Chaumont ;

cd. Louise d'Arces, religieuse de Saint-Vincent-de-Paul, morte en 1877 ;

bd. Hélène de Revol, morte en 1841, mariée à François de Tircuy de Corcelle, dont :

ca. Henri, comte de Corcelle, marié à Charlotte de Ribes et mort sans postérité ;

cb. Thérèse de Corcelle, morte en 1862, mariée à Henri, comte de Carnazet, mort en 1852, dont :

da. Esther de Carnazet, femme d'Octave, baron de Ravinel, dont : Marie-Thérèse de Ravinel, mariée, en 1893, à Camille Billard de Saint-Laumer ;

db. Sidonie de Carnazet, mariée à César-Arthur, vicomte de Soussay, dont : Henri, Edouard, Marthe de Soussay, mariée, en 1895, au vicomte Amaury Audren de Kerdrel ;

dc. Henri, comte de Carnazet, marié, en 1874, à Edith de la Chapelle, dont : Yvonne, Odette, Thérèse de Carnazet ;

ab. Avoye de Revol, née en 1762, mariée à Louis-Jean-Baptiste, marquis de Vavre de Bonce, dont :

ba. Hélène de Vavre, morte en 1864, mariée à Jean-Laurent-Félix-Antoine Lyon, marquis de Regnauld de Bellescize, dont :

ca. Jean-Gustave, marquis de Bellescize, mort en 1875, marié à Louise-Caroline Sauvage de Sauvement, morte en 1892, dont :

da. Ernest, marquis de Bellescize, marié, en 1859, à Jeanne Lacombe, morte en 1863, dont : Pierre, marié, en 1884, à Paule Audras de Béost, dont postérité, Jeanne de Bellescize, mariée en 1885, à Georges, comte de Salmon de Loiray, dont postérité ;

cb. Léopold, comte de Bellescize, mort en 1874, marié, en 1842, à Ernestine Ribet de Monthieux, morte en 1874, dont : Raoul marié à Anna Büding, dont postérité, Fernand, marié à

Valentine Pignatel, dont postérité, Marie, mariée à Joseph Chavanis, dont postérité, Gonzague de Bellescize ;

cc. Adolphe, vicomte de Bellescize, marié à Léontine de Valois, sans postérité ;

ac. Blanche de Revol, mariée, en 1784, à Jean-Baptiste, comte de Bectoz-Vaubonnais, dont :

ba. Camille, comte de Bectoz, mort en 1846, marié à Sabine de Montchenu, dont : Francisca de Bectoz, religieuse du Sacré-Cœur ;

bb. Hélène de Bectoz, morte en 1875, mariée, en 1825, à Antoine Trocu d'Argil, chevalier de Saint-Louis, dont :

ca. Melchior d'Argil, marié en 1865, à Livie de Monspey, dont Albert d'Argil ;

bc. Marguerite de Bectoz, mariée, en 1826, à Henri, comte d'Angeville de Beaumont dont :

ca. Léon d'Angeville, mort sans postérité ;

cb. Marie-Camille, comte d'Angevillle de Beaumont, mort en 1892, marié à Marie Morin, dont :

da. Hélène d'Angeville, mariée à Gustave Gamet de Saint-Germain, dont : Maurice, Georges, Jeanne, Paul, Thérèse de Saint-Germain ;

db. Cécille d'Angeville, mariée à Gustave, vicomte d'Arloz, dont : Marie, Valérie, Joséphine d'Arloz ;

dc. Gustave-Henry, comte d'Angeville de Beaumont.

15. Hélène de RIVÉRIEULX de VARAX eut de Claude de TIRCUY de CORCELLE :

aa. Blanche-Joséphine de Corcelle, morte en 1884, mariée, en 1822, à Pierre-Louis, comte Rœderer, mort en 1834, dont :

ba. Pierre, comte Rœderer, mort en 1896, marié à Blanche-Eugénie Serre de Montjulin, morte en 1894, dont :

ca. Louis, comte Rœderer, marié, en 1885, à Amélie de Saint-Alary, dont : Régine-Louise-Armande-Marie Rœderer;

cb. Blanche Rœderer, mariée, en 1884, à Etienne Hély d'Oissel, dont Pierre, François, Elisabeth Hély d'Oissel;

cc. Jean, vicomte Rœderer, marié, en 1895, à Charlotte Vaney, dont : Jacques Rœderer;

bb. Claude, vicomte Rœderer, né en 1829, mort en 1894, marié, en 1868, à Marie-Radegonde-Augustine-Henriette de Guerry de Beauregard, dont : Henri, Pierre, Marie Rœderer, morte en 1894 ;

bc. Hélène Rœderer, mariée, en 1844, à Maurice Bailly de Barberey ;

bd. Régine Rœderer, mariée, en 1846, à Anne-Jean-Théophile, marquis de Ferrière-le-Vayer, mort en 1864, dont :

ca. Hélène de Ferrière, mariée, en 1866, à Edouard, comte de Liedekerke-Pailhe, dont : Jacques, marié, en 1895, à la princesse de Chimay, née de Barandiaran d'Albuquerque, Pierre, Régine, mariée, en 1896, au baron Fritz de Mentzingen, Jeanne, mariée, en 1892, au comte Georges d'Oultremont, dont un fils, Geneviève de Liedekerke;

ab. Cladie de Corcelle, morte en 1882, mariée, en 1824, à Augustin-Jean-Marie, baron de Schonen, pair de France, mort en 1849, dont :

ba. Albert, baron de Schonen, mort en 1885, marié, en 1868, à Marie Montéage, morte en 1869, dont : André, baron de Schonen ;

bb. Etienne, baron de Schonen, marié, en 1865, à Valentine Hennet de Goutel, dont : François, mort en 1896, Marie-Thérèse, mariée, en 1894, à Emmanuel d'Affry de la Monnoye, mort en 1895, dont une fille : Marguerite de Schonen ;

ac. Francisque de Corcelle, ambassadeur à Rome, mort en 1892, marié à Mélanie de Lasteyrie, morte en 1895, dont :

ba. Gilbert de Corcelle, mort jeune ;

bb. Marthe de Corcelle, mariée, en 1859, à Adolphe Pineton, marquis de Chambrun, mort en 1891, dont :

ca. Thérèse de Chambrun, mariée, en 1895, au célèbre explora-
teur Pierre, comte de Brazza-Savorgnan-Cergneu ;

cb. Pierre, marquis de Chambrun, marié, en 1895, à Margaret
Rives-Nichols ;

cc. Aldebert de Chambrun ;

cd. Charles de Chambrun ;

bc. François de Corcelle, marié, en 1890, à Jeanne Esnée ;

ad. Suzanne de Corcelle, morte en 1892, mariée à Paul Etesse, dont :

  ba. Amédée Etesse, mort jeune ;

  bb. Maurice Etesse, mort jeune ;

  bc. Marie Etesse, morte en 1860, mariée, en 1847, à Cléophas
Dareste de la Chavanne, recteur de l'Académie de Lyon, mort en
1882, dont :

    ca. Hélène Dareste de la Chavanne, mariée, en 1872, à Achille
d'Alverny, dont : André, Maurice, François d'Alverny ;

    cb. Rodolphe Dareste de la Chavanne, marié, en 1880, à Marthe
Chappet de Vangel, dont : Jacques, Marie Dareste de la
Chavanne ;

    cc. Paul Dareste de la Chavanne, marié, en 1895, à Marguerite
Jourdan.

16. Zoé DE RIVÉRIEULX DE VARAX a eu de FÉLIX DE MAZENOD :

aa. Antoinette de Mazenod, mariée, en 1855, à Charles de Clavière,
mort en 1871, dont : René, mort accidentellement en 1893, Gaston,
Raoul, marié, en 1895, à Paule deVignet de Vendeuil, dont : François
de Clavière ;

ab. Suzanne de Mazenod, morte en 1853 ;

ac. Raoul, comte de Mazenod, marié, en 1867, à Marguerite de Sanhard
de la Fressange, dont : Marie, Charles de Mazenod ;

ad. Albert, vicomte de Mazenod, marié, en 1871, à Thérèse de Renouard
de Sainte-Croix, morte en 1876, dont : Jeanne et Fernand, morts

jeunes, Mathilde de Mazenod. Il s'est remarié, en 1879, à Henriette de Virieu, dont : Catherine, morte jeune, Henri, Catherine, Pierre, Madeleine, morte jeune, Germaine, Guy, Marc de Mazenod, mort jeune.

17. Blanche de RIVÉRIEULX de CHAMBOST eut d'Henri ARTHAUD de BELLEVUE de la FERRIÈRE :

aa. Claude, comte de la Ferrière, chambellan de Napoléon Ier, mort en 1840, marié à N. de la Salle, dont :

  ba. Henri de la Ferrière, mort accidentellement;

  bb. Léon, comte de la Ferrière, mort en 1850, marié à N. Lucy, dont :

    ca. Henri, comte de la Ferrière, marié à Joséphine - Renée Sabatier de la Chadenède, dont :

      da. Humbert, comte de la Ferrière, marié, en 1877, à Clotilde de la Poëze, dont postérité ;

      db. Edith de la Ferrière, mariée, en 1879, au vicomte Pierre de Thoizy, dont postérité ;

      dc. Léon, vicomte de la Ferrière, marié, en 1882, à Marguerite Junot d'Abrantès, dont postérité ;

    cb. Marie de la Ferrière, mariée à N. du Soulier, dont :

      da. Martial du Soulier ;

      db. Renée du Soulier, mariée en 1888, au vicomte Alexis de Charpin-Feugerolles, dont postérité ;

  bc. Hector, comte de la Ferrière, archéologue distingué, mort en 1896, marié à N. de Percy-Northumberland, sans postérité;

  bd. César, vicomte de la Ferrière, premier chambellan de Napoléon III, mort en 1881, marié à Cornélie de Sarron, dont :

    ca. Jeanne-Marguerite de la Ferrière, morte en 1896, mariée en en 1847, au vicomte François-Just-Raymond de Pierre de Bernis, général de division, dont Raymond de Bernis, mort jeune.

18. Marie de RIVÉRIEULX de CHAMBOST eut de Dominique VOUTY de la TOUR :

aa. Claude-Antoine Vouty, baron de la Tour, conseiller au Parlement de Dijon, premier président au Tribunal d'appel de Lyon, mort en 1826, marié à Antoinette N., dont :

ba. Flavie-Pierrette-Aspasie Vouty de la Tour, morte en 1865, mariée d'abord à Modeste Fortis, puis à N. Gros ;

bb. Charlotte Vouty de la Tour, religieuse à Paris.

19. Victoire de RIVÉRIEULX de CHAMBOST eut de Fleury-Jean-Marie-Simon-Zacharie PALERNE de SAVY :

aa. Claudine-Françoise-de-Chantal-Augustine Palerne de Savy, née en 1771, mariée à Joseph de Neyrieu-Domarin, capitaine de dragons, mort en 1845, sans postérité ;

ab. Catherine-Victoire Palerne de Savy, mariée, en 1791, à Michel-Luc-André de la Barge de Certeau, avocat général à la Cour des comptes de Dauphiné, dont :

ba. Augustin de Certeau, marié à Françoise-Marie Pinet, dont :

ca. Ferdinand, comte de Certeau, marié à Corinne Ardaillon, dont : Robert, qui a deux filles de Marie Colomb, Marcel de Certeau, marié à N. Bellet ;

cb. Edouard, vicomte de Certeau, marié à Marie de Rivérieulx de Chambost, comme il a été vu ci-dessus ;

cc. César, baron de Certeau, marié à Marguerite Favier du Noyer, dont : Françoise, Madeleine, mariée, en 1893, à Léon Homassel, Marie, mariée, en 1894, à Roger Taigny, dont il a Marguerite Taigny, Camille de Certeau ;

cd. Valentine de Certeau, mariée à François de Marcley de Saint-Réal, dont : Raoul, marié, en 1879, à Léonie Roccaut, qui lui a donné trois enfants, Hermine de Marcley, femme de Maurice Roccaut ;

ce. Marie-Amélie-Sabine de Certeau, mariée, en 1852, à Albert, baron de Montillet de Grenaud, dont : Euphémie, mariée, en 1873, à son cousin Anthelme, marquis de Montillet, Xavier de Montillet ;

cf. Léontine de Certeau, mariée à Alfred, comte de Manuel de Locatel ;

bb. Frédéric, com*te* de Certeau, mort en 1870, marié, en 1825, à Amélie Barthelot d'Ozenay, morte en 1882, dont :

ca. Amédée de Certeau, marquis d'Ozenay, mort en 1891, marié, en 1866, à Fénella d'Orlier de Saint-Innocent, dont : Marie, Philibert de Certeau d'Ozenay ;

cb. Henri, comte de Certeau, marié, en 1867, à Isaure Ruphy, dont : Fernand, Raymond, Bernadette de Certeau ;

bc. Victoire de Certeau, femme d'Auguste Teyssier, dont :

ca. Léon Teyssier-Palerne de Savy, mort en 1890, marié, en 1847, à Brigitte Turin, dont :

da. Marguerite de Savy, morte religieuse du Cénacle ;

db. Albert de Savy, marié, en 1883, à Marie de Bonnecorse de Lubières, dont : Marie-Thérèse, Marguerite, Ennemond, Magdeleine de Savy ;

dc. Georges de Savy, marié, en 1882, à Stéphanie de Manuel de Locatel, dont : Léon, Geneviève, Guy de Savy ;

dd. Fernand de Savy ;

de. Hugues de Savy, marié en 1889, à Jeanne de la Baume, dont : Marie-Antoinette, Magdeleine de Savy ;

cb. Jules Teyssier-Palerne de Savy, marié à Claire La Croix-Saint-Pierre, dont : Marie, Augustine, Marthe, Carmélite, Gabriel de Savy.

20. CHRISTINE DE RIVÉRIEULX DE CHAMBOST a eu de DAVID DAUDÉ :

aa. Attale Daudé, né en 1823, mort célibataire ;

ab. Gabrielle Daudé, mariée en 1847, à Raymond, comte de Sallmard, dont :

   ba. Godefroy de Sallmard, marié, en 1873, à Marie Merle de Brugière de Laveaucoupet, dont postérité ;

   bb. Humbert de Sallmard, marié, en 1889, à Marie d'Espagnet;

   bc. Marguerite de Sallmard, mariée, en 1887, au comte Ladoïk de la Forest-Divonne ;

   bd. Françoise de Sallmard, mariée en 1883, à Raoul, vicomte d'Andert, dont postérité.

21. EMILIE DE RIVÉRIEULX DE CHAMBOST a eu d'EDME BACHEY-DESLANDES :

aa. Abel Bachey-Deslandes ;

ab. Sépha Bachey-Deslandes, marié, en 1834, à Victor, comte de Vergnette-la-Motte, dont :

   ba. Fernand de Vergnette, marié, en 1866, à Marguerite Bachey-Deslandes, dont : Jacques, Marie, mariée, en 1891, à Edme Bertheault deNoiron, Albert de Vergnette ;

ac. Jeanne-Marie Bachey-Deslandes, mariée en 1838, à Félix de Berthe, dont :

   ba. Albert de Berthe, mort en 1871 ;

   bb. Maxime de Berthe, marié, en 1872, à Gabrielle Routy de Charodon, dont postérité ;

ad. Claude-Antoine Bachey-Deslandes, marié, en 1843, à Louise-Joséphine Maire, dont :

   ba. Marguerite Bachey-Deslandes, marié, en 1866, à son cousin Fernand de Vergnette ;

bb. Marthe Bachey-Deslandes, mariée, en 1869, à Emmanuel-Marie-Edme de Benoît, dont postérité ;

ac. Marie-Humberte-Charlotte Bachey-Deslandes, mariée en 1839, à Aristide de la Follye de Joux, dont :

ba. Joseph de la Follye de Joux, marié, en 1883, à Marie Delagrange dont postérité ;

af. Hippolyte Bachey-Deslandes, marié en 1847, à Anne-Marie Maire, dont :

ba. Léonie Bachey-Deslandes, morte sans alliance.

22. HÉLÈNE DE RIVÉRIEULX DE CHAMBOST a eu de JEAN-PIERRE-FRÉDÉRIC-JULIEN DU COIGNET DES GOUTTES :

aa. Paul des Gouttes, marié, en 1850, à sa cousine germaine, Sophie de Brosse, dont :

ba. Henri des Gouttes, marié à Mélanie de Boulleuc, morte en 1896, dont postérité ;

bb. Jeanne des Gouttes, mariée, en 1876, à Raoul Domet de Mont, dont postérité ;

bc. Joseph des Gouttes.

23. SABINE DE RIVÉRIEULX DE CHAMBOST a eu de CHARLES DE BROSSE :

aa. Hippolyte, baron de Brosse, marié, en 1857, à Marie Roux de la Plagne, dont : Gaston, Valentine de Brosse ;

ab. Gaston de Brosse, mort sans alliance, en 1880 ;

ac. Sophie de Brosse, mariée à son cousin germain, Paul du Coignet des Gouttes ;

ad. Noémi de Brosse, mariée, en 1851, à Eugène d'Assier, mort en 1870, dont :

ba. Raoul d'Assier, marié, en 1883, à Marie Jordan de Sury, dont postérité ;

bb. Charles d'Assier, marié, en 1886, à Louise de Courtin de Neufbourg, morte en 1893.

24. LUDIVINE DE RIVÉRIEULX DE CHAMBOST a eu d'ALCESTE DE CHAPUYS-MONTLAVILLE :

aa. Gustave de Chapuys-Montlaville, mort en 1866, mariée à Pierrette-Joséphine Bastide, dont :

ba. Ludovic, baron de Chapuys-Montlaville, marié à N. N...

25. CAROLINE DE RIVÉRIEULX DE CHAMBOST a eu de GABRIEL-BARTHÉLEMY PENET DE MONTERNO :

aa. Charles, comte de Monterno, marié, en 1857, à Clémentine de Boutiny, morte en 1894, dont :

ba. Gabriel, vicomte de Monterno, marié, en 1889, à Marguerite Pinet de Maupas, dont postérité ;

bb. Jeanne de Monterno, mariée, en 1882, à Pierre de Raincourt, dont postérité ;

bc. Henri de Monterno ;

ab. Jacques, vicomte de Monterno, marié, en 1862, à Mathilde Berger de la Villardière, dont :

ba. Ludivine de Monterno, mariée, en 1885, à Henri Brunet de Monthelie, dont postérité ;

bb. Noémi de Monterno, mariée, en 1890, au baron Maurice de Veyrac, dont postérité ;

bc. Marguerite de Monterno, mariée, en 1894, à Bernard de Boysson ;

ac. Marie de Monterno, mariée à son cousin germain le vicomte Louis de Rivérieulx de Chambost.

Fiefs et Seigneuries de la famille De Rivérieulx

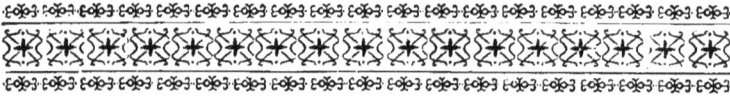

CHAPITRE III

Fief de la Duchère

Au nord-ouest de la ville de Lyon, sur les confins du faubourg de Vaise, apparaît, sur la pente d'une gracieuse colline boisée, le vieux manoir de la Duchère avec ses nombreuses tours et ses larges façades qui font un très heureux effet dans le paysage et qui datent d'époques très diverses, du XIIIe au XVIIIe siècle. Les savants disent que le nom de Duchère est une dénomination peu altérée, provenant du cymrique *Du*, noir, et *Karr*, roche, pierre ; la Duchère serait donc la Roche-Noire. Un proverbe Vaisois dit que la Duchère a autant de tours qu'il y a de mois dans l'année, autant de portes qu'il y a de semaines et autant de fenêtres qu'il y a de jours ; on remarque dans un cellier de ce château, qui eut autrefois une destination plus noble, une magnifique cheminée, de l'époque des Valois, sur laquelle sont peints, très finement, une variété de sujets très curieux ; un beau rétable d'autel, de l'époque d'Henri II, dit-on, orne la chapelle qui n'a pas conservé d'autres décorations dignes d'attention. Une grande galerie éclairée par douze fenêtres de façade, maintenant divisée en divers appartements et peinte par le fameux Sarrabat, y fut construite, vers 1600, mais ces peintures ont disparu complètement, par suite des dévastations de la Révolution de 1793.

Vers l'an 1300, vivait un Bernard de Varey, dit de la Duchère, conseiller de ville à Lyon, qui serait le premier possesseur connu de ce château, si cette lecture du nom de la Duchère n'était pas contestée.

Philippe Des Champs, autrement dit de la Duchère, vivant en 1387, était citoyen de Lyon et lieutenant de Museton de Viégo, capitaine de cette ville.

En 1388, Pierre de la Duchère possédait le tènement de la Duchère consistant en maison, vignes, prés et terres.

André Chevrier, conseiller de ville à Lyon et mari de Marguerite Paterin habitait, en 1460, à Vaise, « en son hostel de la Duchière ».

André Chevrier, leur fils, testa le 15 mai 1583 et laissa à sa mère la jouissance, sa vie durant, de la maison forte de la Duchère, prés, terres, vignes, garennes, moulins, bois. Il mourut sans postérité et eut pour successeur à la Duchère, son frère Claude Chevrier.

Etienne Faye, custode curé de Sainte-Croix de Lyon, possesseur des fonds de la Duchère obtint, en 1546, de MM. les comtes de Lyon, un abénevis pour disposer à son gré des eaux du ruisseau de Gorge et y faire les constructions qu'il jugerait à propos pour son usage.

Marguerite Ferlat, veuve et héritière d'Henri Faye, conseiller au Siège présidial de Lyon, seigneur de la Duchère vendit, en 1577, la maison et les terres de la Duchère, avec description d'icelles et de leur contenue, à Jean-Baptiste Bruno.

Le 28 août 1579, ladite dame envoya sa procuration au sieur Seguin pour passer vente d'autres neuf terres qu'elles s'était réservées et d'un moulin, au même sieur Bruno.

Le 16 décembre 1585, demoiselle Marguerite Gros était veuve et héritière dudit noble Jean-Baptiste Bruno, conseiller de ville à Lyon.

La tradition rapporte qu'en l'année 1600, Henri IV venant à Lyon épouser Marie de Médicis, coucha au château de la Duchère, où l'on voit encore de nos jours une chambre dite de Henri IV.

En 1602, il y eut un décret sur les biens de Jean-Baptiste Bruno, par l'issue duquel les biens de la Duchère tombèrent à François Clapisson, échevin de Lyon, avocat du roi au Siège présidial, son procureur général en la Sénéchaussée de cette ville ; c'est lui, dit-on, qui fit construire le bâtiment de la galerie de la Duchère.

Le 29 août 1617, messire François de Clapisson, chevalier, conseiller du Roi, président et trésorier général de France à Lyon, et dame Marguerite Dulin, sa femme, vendirent à messire Philibert de Nérestang la maison forte et château de la Duchère, consistant en maison, granges, domaines, moulins, bois, vignes, prés, terres, jardins, vergers, pensions, etc., situés au territoire d'Ecully, près Lyon, pour le prix de 50,000 livres, et 10,000 en plus pour les meubles, vaisselle d'argent, bestiaux, etc.

La Duchère fut choisie, le 11 octobre 1619, par la ville de Lyon, pour y offrir une fête et une collation à Madame Christine de France, sœur de Louis XIII, lorsque cette princesse passa à Lyon, se rendant à Turin, où elle allait épouser le prince héritier de Piémont ; on lui offrit les plus belles et meilleures confitures qui se purent trouver ; il y avait un grand nombre de noblesse ; M. le maréchal de Lesdiguières, gouverneur du Dauphiné, arriva sur la fin de ladite collation, accompagné de force noblesse dudit pays.

Philibert de Nérestang mourut, en 1620, des suites d'une blessure reçue à l'attaque des Ponts-de-Cé et fut remplacé à la Duchère par un de ses fils.

Au mois de décembre 1630 ou au commencement de janvier 1631, la Duchère reçut la visite d'Abraham Golnitz, voyageur, natif de Dantzig, qui en a laissé la description suivante :

« ... Le site est ravissant et d'une beauté peu commune, c'est de cette hauteur que je puis le plus commodément contempler, avec un plaisir auquel l'âme et les yeux prennent une égale part, tout ce qui embellit les vallées et les montagnes voisines : les vignes, les champs, les prairies, les vergers et enfin la Saône, qui roule doucement ses ondes au pied de la colline. L'édifice est en harmonie avec le site. Sur la première porte bâtie en pierre, par laquelle on pénètre dans ce château, on lit cette inscription :

RURE TIBI VIVAS ; ALIIS, DUM VIXERIS, URBI.

« ... Il faut ensuite parcourir une avenue de huit cents pas environ, plantée
des deux côtés d'arbres, fruitiers pour la plupart, au nombre de trois cent
soixante-quinze. Ce chemin est légèrement en pente à son extrémité. Là,
près d'un monticule, se trouve une citerne où on lit : *Benedicite fontes Domino.*
De là on monte entre deux murailles jusqu'à la porte de l'habitation elle-même,
où se trouve une galerie dont les murs, couverts de peintures, sont ornés,
à leur sommet, des bustes des douze premiers empereurs, et dans leur partie
inférieure de la représentation de divers animaux. Tout près de là est une
cour destinée au jeu de Palle Maille (Mail ?). De la galerie un passage vous
conduit dans l'intérieur du château. Sur la porte sont sculptées, à l'intérieur, d'une manière très élégante, les armes de François Clapisson,
avocat du Roi, représentant un lion de sable tenant dans ses griffes un
rameau d'olivier avec cette devise :

LUCTUS FORTI LUDUS.

Et un peu au-dessous :

DEUS NOBIS HÆC OTIA FECIT.

« ..... C'est près de cette porte qu'est fixé, contre le mur, le buste de
Henri IV, avec l'inscription suivante :

SI DU SCULPTEUR L'ART ET LA SCIENCE
POUVOYENT PAR UN SEMBLABLE TRAICT
GRAVER SA VALEUR ET CLÉMENCE,
L'OUVRAGE SEROIT TOUT PARFAICT.

« La cour elle-même, bâtie en belles pierres, est de forme carrée. Sur les
murs sont peints des animaux dans des poses variées, propres à distraire
l'esprit. Vous remarquerez surtout, à gauche de la porte d'entrée, un ours
qui pourrait effrayer des visiteurs non prévenus, tant sa démarche est
celle d'un animal vivant. On lit sur cette porte :

TANT DE PEINE POUR BIEN AMASSER,
PUIS MOURIR, ET TOUT LAISSER.

« Dans cette cour, ou plutôt dans ce vestibule, jaillit de la montagne une
belle source, qui entre et sort d'un tonneau sur lequel est placée à cheval

une statue de Bacchus. Sur les côtés latéraux de la fontaine, on lit les inscriptions suivantes : *Sic oriuntur cpes*, et : *Sic moriuntur opes*. A droite de cette fontaine, on gravit un escalier où, sur une porte on lit ces mots : *Ex templo in templum*. Tout près de là se trouve une autre porte dont la partie supérieure est ornée d'une peinture représentant l'image de la Justice et celle de la Paix avec cette inscription :

VIVITUR SIC TUTO DIVIS CUSTODIBUS ISTIS.

« Près de cette porte est un cabinet où vous verrez plusieurs espèces d'animaux, ainsi que diverses chasses.

« De là, on se rend dans un jardin assez vaste, qui s'étend à la fois au-dessus et au-dessous du château, et dont la majeure partie est plantée de légumes et d'herbages destinés aux usages de la table. On monte ensuite aux étages supérieurs de la maison où se trouve une chambre ornée de tentures et de tapisseries rehaussées d'or, ainsi que des portraits de quelques rois de France et d'autres personnages célèbres, parmi lesquels, si j'ai bonne mémoire, se trouve celui de Bellarmin, représenté la bouche tordue.....

« A l'extérieur de la porte de cette chambre on lit cette inscription :

HEIC STATIO EST, ALIBI PORTUS.

« On montre aussi l'appartement retiré de François Clapisson, précédé de deux antichambres de forme circulaire et défendu par un pont-levis pour la sûreté de sa personne... Tout près de là se trouve un crocodile empaillé... On nous conduit ensuite à la chapelle, qui est ornée de nombreuses inscriptions empruntées à des faits historiques de la Bible. A la voûte du monument est figuré le mystère de la Trinité avec ces vers :

TRES UNUM, DEUS EST UNUS, TRIBUS UNA POTESTAS,
HAC CASTI MANEANT IN RELLIGIONE NEPOTES.

« Près du bénitier est encastrée dans le mur une lame de bronze, sur laquelle on lit :

D. O. M.

« *Franciscus Clapisson in præsidiali præfectura Lugdunensi cogniter regius, ac publici juris vindex, et Margaretha Dulin, dulcissima conjunx, suburbanæ hujus villæ ambo Domini, par conjugum fidissimum pientissimumque, hoc sacellum sociali pietate auctum, ornatum, consecratum, pro sua in Divam loci tutelarem Margaretham religione eidem nuncuparunt dedicaruntque : tum jusserunt quotannis anniversario divæ natali sacris fastis heic rem sacram ritè fieri, ac diem festum feriatumque à Ducheriana familia universà agitari : quæ ipsi omnia concordissimè vivi sanxerunt, ne posteros rogarent ex voto suscepto. Anno MDCVI.....* De la chapelle, on se rend dans une galerie servant à la promenade, longue de 70 pas et large de 7. Les deux côtés en sont ornés de diverses peintures..... La partie supérieure de cette galerie est ornée d'emblêmes et de sentences..... De cette galerie, on pénètre dans une autre pièce où, parmi plusieurs peintures, on remarque un tableau de forme carrée, représentant la Nuée d'or tombant dans le sein de Danaé... De là, on va dans un jardin, ou plutôt dans un champ planté de vignes, puis dans un bois de haute futaie, qui sert de retraite à des bêtes sauvages et à des oiseaux chanteurs..... »

Le 2 novembre 1652, la famille de Nérestang vendit la maison et le château de la Duchère, avec tous les biens qui en dépendaient, à noble Philippe Gueston, secrétaire du Roi, échevin de Lyon, dont la veuve et héritière testamentaire, demoiselle Claude Compain fit faire, en 1659, la description des fonds dépendant de la maison forte de la Duchère, savoir : « 50 bicherées de jardin, affermées à 5 particuliers qui ont chacun une maison ; 84 bicherées de terre à froment, situées au champ Charbonnier, proche les jardins ; 21 bicherées de terre à blondée, situées dans le même territoire ; 101 bicherées de terre, au-dessus du château, moitié froment, moitié seigle ; 82 hommées de vignes, tant dans le clos que dehors, rendant, par communes années, 100 ânées de vin ; 36 bicherées et demie de pré ; 77 bicherées, tant en bois taillis qu'en haute futaie (si on ne voulait point affermer les fonds ci-dessus, on ferait un grand profit par le nourrissage du bétail, et en ayant une grande basse-cour) ; 428 bicherées de terre, moitié froment, moitié blondée et seigle, situées au territoire de Tronçon ; 100 bicherées de terre audit lieu, dans lesquelles feu M. de Vaux avait le droit de parcours. » A la suite de ce dénombrement se trouve la description de la Duchère faite en ces termes : « Le château de la Duchère est flanqué de plusieurs tours et est un des plus beaux des environs de Lyon. Il est situé heureusement et consiste en plusieurs belles chambres, une galerie très grande et très bien peinte, des avenues à chaque appartement qui conduisent à un grand bois de haute futaie de 77 bicherées, deux belles terrasses dans l'une desquelles, sont deux jets d'eau, deux cours environnées de bâtiments, dans l'une desquelles est une belle chapelle, en laquelle on va du château, et, dans l'autre, sont la maison du granger, les écuries et le tenailler. La cour du château est en terrasse et a pour ornement une fontaine, un petit parterre au-dessous où il y a aussi une fontaine. Il y a une belle avenue qui conduit au château, et à droite et à gauche sont deux beaux jets d'eau, qui arrosent deux grands jardins qui sont à côté. »

Messire Jean-Baptiste Gueston, secrétaire du Roi, baron de Vaux, succéda dans la possession de la Duchère à Philippe Gueston et Claude Compain, ses père et mère.

Spon, mentionne en 1673, à la Duchère, un fort beau bois et une allée de tilleuls à perte de vue.

Le 3 juillet 1680, Jean-Baptiste Gueston s'engagea à reconnaître de nouveau au profit du chapitre de Saint-Jean de Lyon, à cause de la rente de l'obéance d'Ecully, sa maison et ses fonds de la Duchère, dépendant de ladite rente, et s'obligea, en cas de clôture entière de murailles de ses fonds de la Duchère, de faire ouvrir aux dîmiers, pour la levée des dîmes.

Anne Rouvière était veuve, dès 1690, dudit Jean-Baptiste Gueston, et, au mois de juin 1694, M. Menson, commissaire à l'hoirie abandonnée de Jean-Baptiste Gueston vendit la Duchère à Vincent de Naris, seigneur du Fort, qui fut colonel des régiments de dragons de Catinat et de Custine.

Le 16 novembre 1698, Vincent de Naris, revendit à Guillaume Dumay la Duchère et les fonds en dépendant. C'est sans doute à cette époque que Daniel Sarrabat orna la galerie du château de la Duchère de plusieurs figures en détrempe, dont parle l'abbé Pernetti dans ses *Lyonnais dignes de mémoire*.

Le cardinal de Bouillon, exilé de la Cour, habita Lyon de 1700 à 1706 ; pendant ce temps il venait souvent à la Duchère.

88

Guillaume Dumay, ancien capitaine au régiment Lyonnais, chevalier de Saint-Louis, commissaire ordinaire des guerres, capitaine des gardes du duc de Villeroy, mourut vers le 25 janvier 1716 et laissa la Duchère à sa femme Jeanne Gayot, laquelle se remaria avec Gaspard Albanel, échevin de Lyon, veuf de Sibille Fayard.

En 1731, Jeanne Gayot fit faire un état des meubles lui appartenant dans son château de la Duchère ; le détail en est très curieux ; on mentionne un très bel ameublement, beaucoup de tapisseries, de nombreux tableaux religieux et profanes ; dans la galerie de la chapelle il y a 13 portraits de la famille de M. Dumay ; dans la grande galerie, 11 grands tableaux happés représentant des chasses ; dans la chapelle, un tableau sur l'autel représentant saint François d'Assises et qui s'y trouve encore ; ailleurs 9 portraits de la famille de Villeroy ; à la basse-cour, 7 vaches, 3 mulets, etc.

En 1735, Gaspard Albanel adresse une supplique à l'intendant de la Généralité de Lyon ; il y expose qu'une partie des fonds de la Duchère est affermée à des paysans, qu'il fait valoir le reste qui est environné d'arbres de haute futaie nuisibles aux récoltes et que la dépense excède le rendement. On laisse reposer chaque année quelques-unes de ces terres, d'autres sont incultes, d'autres pur rocher. La maison de la Duchère est chargée de 20 livres de pension à la cure de Vaise et de près de 80 à MM. les comtes de Lyon.

Jeanne Gayot fit son testament le 5 février 1743, par lequelle elle fit son héritière dame Blanche Albanel, épouse de messire Hugues de Rivérieulx de Varax, et fille de noble Gaspard Albanel et de Sibille Fayard.

Blanche Albanel, devenue héritière du château de la Duchère, acheta, en 1765, pour la somme de 42.500 livres, de messire Jean-Blaise Denis, chevalier, seigneur de Cuzieu, le domaine de Gorge, situé à Ecully, et le réunit à la Duchère. De 1758 à 1787, elle dépensa, dans sa propriété de la Duchère, les sommes suivantes : 8.600 livres à la construction d'un cabaret ; 16.000 livres pour son clos de la Duchère ; 2.000 pour réparations à la galerie et aux celliers ; 22.800 pour un bâtiment reconstruit au midi du château ; 18.000 dans ses fermes de la Duchère ; 4.000 dans ses appartements de la Duchère; 7.000 pour bâtir un autre cabaret à la Duchère.

Le 20 mai 1787, Blanche Albanel composa une estimation des revenus et des dépenses et charges de la Duchère ; les revenus consistaient en : 250 ânées de vin, à 8 livres l'ânée : 2.000 livres; 200 bichets de blé à vendre, la nourriture des valets déduite, à 4 livres, 10 sols le bichet : 900 livres ; 250 quintaux de foin à vendre, à 2 livres le quintal : 500 livres ; hortolages, fruits : 1.800 livres; basse-cour : 1.200 livres ; menus grains : 200 livres; bois à brûler et fagots : 600 livres ; fermes et cabarets : 5.300 livres ; total 12.500 livres. Sur quoi il fallait déduire les dépenses et charges, savoir : gages des domestiques : 1.000 livres; nourriture, outre le blé que la maison fournit : 500 livres ; journées extraordinaires et frais de vendanges : 1.000 livres; entretien des mules et charrettes : 400 livres; réparations : 800 livres; servitudes : 200 livres; vingtième : 748 livres ; total : 4.648 livres. Le revenu net était de 7.852 livres.

Le 22 mai 1787, Blanche Albanel estimait la somme de 300.000 livres le château de la Duchère, avec les acquisitions qu'elle avait faites de M. Denis de Cuzieu, ce que son mari y avait joint, les meubles et les tableaux.

Le 13 septembre 1787, Blanche Albanel fit son testament, par lequel elle disposa ainsi de la Duchère : elle légua à messire François-Claude de Rivérieulx de Gage, son fils, chevalier de Saint-Louis, ancien capitaine au régiment de Lyonnais : 1° la jouissance pendant sa vie, à compter du jour du décès de la testatrice, de sa maison forte de la Duchère et de toutes ses dépendances ; 2° la propriété de tous les meubles et tableaux qui s'y trouveront à son décès, bestiaux, instruments d'agriculture, etc. ; 3° 30 marcs de vaisselle d'argent et une grande quantité de linge. Elle légua à celui des fils de Jean-Claude de Rivérieulx de Varax, son fils, que celui-ci choisira, la propriété de la Duchère, pour en prendre possession seulement après le décès de M. de Gage, à la charge par celui de ses fils qu'il désignera, de payer à ses frères et sœurs la somme de 100.000 livres, à partager également entre eux. Après la mort de M. de Gage, M. de Varax, son frère, pourra conserver la jouissance de la Duchère. Si celui-ci meurt sans avoir fait le choix sus-indiqué, elle lègue la Duchère à l'aîné des fils de M. de Varax.

Blanche Albanel décéda le 7 juin 1788. Après sa mort, François-Claude de Rivérieulx de Gage eut la jouissance de la Duchère.

Au moment du siège de Lyon, en 1793, la Duchère, défendue par une poignée de braves Lyonnais qui y avaient établi un de leurs postes, fut attaquée par plusieurs milliers de soldats de la Convention qui la bombardèrent ; après une résistance héroïque, nos vaillants Lyonnais, ne pouvant tenir plus longtemps la place, abandonnèrent cette position. Alors leurs adversaires entrèrent dans le château et le mirent au pillage ; c'était le 19 septembre.

Quelques jours après, un boulet lancé par les batteries révolutionnaires sur le parc de la Claire jetait un instant le trouble parmi les compagnons du brave général de Précy, s'apprêtant à effectuer leur sortie ; ce projectile était parti de la Duchère où les républicains avaient établi des redoutes.

Après la prise de la Duchère, la plus grande partie des meubles de ce château furent portés à Villefranche et furent inventoriés au bureau militaire de cette ville, les 22, 24 et 26 septembre 1793 ; on fit aussi, le 11 octobre, l'inventaire des meubles et effets provenant du même château et laissés à la garde de la municipalité de Limonest. Le 13 brumaire an II, le receveur des domaines nationaux fit un état de recettes provenues de la vente des meubles et effets dépendant de la maison de la Duchère ; elles se montaient à 4,725 livres 13 sols. Les dépenses pour voiturer allaient à 140 livres.

Le 19 octobre 1793, le maire et les officiers municipaux de la commune de Vaise se transportèrent dans le château de la Duchère, pour procéder à l'inventaire des meubles qui y restaient ; ils trouvèrent dans la chapelle 12 tableaux de hauteur d'homme, tous mutilés, à l'exception de celui du grand autel. La chambre du maître du château fut trouvée presque sans dommage, ayant été habitée par le chef du poste occupant la Duchère ; les autres pièces étaient presque entièrement démeublées. Le citoyen Pommier fut nommé gardiateur des effets se trouvant dans le château, à la charge d'en répondre, défense lui fut faite de sortir du poste à lui désigné, et ordre lui fut donné de faire clore ledit château, pour en empêcher la dévastation.

Après la prise de la Duchère, les révolutionnaires firent de sa vaste galerie une prison, où ils enfermèrent un grand nombre des malheureux défenseurs de cette courageuse cité, avant de les envoyer à la guillotine ou de les faire périr sous la mitraille. François-Claude de Rivérieulx de Gage, l'usufruitier de la Duchère, fut aussi condamné à mort par la Commission révolutionnaire et mourut victime de cet infâme Tribunal le 15 frimaire de l'an II.

Jean-Claude de Rivérieulx de Varax succéda de droit à son frère de Gage dans la jouissance de la Duchère, conformément au testament de leur mère, et mourut victime de la Révolution le 16 nivôse an II.

Le 25 pluviôse an II, défenses furent faites à tous citoyens de se transporter dans les maisons séquestrées et particulièrement dans le ci-devant château de la Duchère, pour y enlever du bois, dilapider par ce moyen un bien justement acquis à la Nation.

Le 3 messidor suivant, le ci-devant château de la Duchère fut choisi pour servir de parc à des porcs requis dans trois départements pour les subsistances militaires.

Après la mort de Jean-Claude de Rivérieulx de Varax arrivée sans qu'il eût fait aucune disposition testamentaire, son fils aîné, Claude de Rivérieulx de Marcilly, devint propriétaire de la Duchère, selon les intentions de Blanche Albanel, sa grand'mère.

Par sentence du 13 germinal an III, le Tribunal de district de Lyon ordonna que distraction fût faite à Claude de Rivérieulx de Marcilly du domaine de la Duchère et de toutes ses dépendances séquestrés après le siège de Lyon; le 22 du même mois, il en fut mis en possession par Jean Prévôt, agent de l'Administration du district de Lyon.

Le 17 nivôse an IV, Claude de Rivérieulx de Marcilly et Jean-Jacques de Rivérieulx de Varax, son frère, firent les conventions suivantes : le premier céda au second le domaine de la Duchère et toutes ses dépendances, et en reçut, en échange, le domaine et la forêt d'Ars, à Limonest le domaine de Plambost, à Lissieu, celui de la Roue, celui de Vavre avec la forêt du même nom, à Lozanne, et le moulin de Chazay, avec toutes leurs dépendances.

En l'an V, un journal républicain fit courir le bruit que la police de Lyon avait effectué une perquisition dans le château de la Duchère, où l'on avait trouvé, dans des cachettes, derrière des tapisseries, six cents habits d'uniforme et d'autres équipements royalistes. La municipalité de Vaise, émue par ce récit mensonger, fit, le 28 frimaire, une visite complète de la Duchère où rien de suspect ne fut découvert.

Lorsque Mazade d'Avèze visita la Duchère, vers 1810, cette maison conservait encore quelques traces de son ancienne magnificence ; mais les bois superbes qui l'environnaient avaient été coupés et le château dégradé ; la seule chose remarquable dont il restait encore des vestiges était la belle galerie peinte par Sarrabat.

Le 21 mars 1814, le château de la Duchère fut envahi par les Autrichiens qui en furent bientôt délogés. Repris de nouveau, les Français l'escaladèrent encore et les occupants furent, dit-on, précipités par les croisées. Après plusieurs prises et reprises, la Duchère resta aux ennemis pendant quelques jours, même après l'armistice.

Jean-Jacques de Rivérieulx de Varax mourut le 3 mars 1835 et eut pour successeur à la Duchère son fils aîné Gabriel, décédé le 4 juillet 1880, laissant ce château à son fils aîné Emmanuel.

Comté de Varax.

Varax était une ancienne seigneurie possédée, dans la première moitié du XIIIᵉ siècle, sous la suzeraineté des comtes de Savoie, par Hugues d'Anthon et Etienne, son fils. En 1243, le comte Amédée la remit, en augmentation de fief à Etienne, sire de Thoire et de Villars. Cette seigneurie, passa depuis à une famille qui en portait le nom et dont le membre le plus anciennement connu est Ulrich de Varax, chevalier, seigneur de Varax et de Romans, vivant en 1250 et 1272, année où il fit hommage à Amé de Savoie, seigneur de Bresse et de Bagé de tout ce qu'il possédait depuis le ruisseau de Saint-Paul jusqu'à Saint-André-du-Bouchoux et des villages de Saint-Paul-de-Varax et de Romans qu'il tenait en fief de lui.

En 1277, fut terminée une guerre survenue entre le seigneur de Varax et Humbert V, sire de Beaujeu, à cause d'un droit de garde que celui-ci prétendait avoir sur les mas ou métairies dépendant du doyenné de Montberthoud, situés à Saint-Paul-de-Varax; Philippe, comte de Savoie, archevêque élu de Lyon, fut le médiateur de cette paix. Ulrich et Girard, dit la Guêpe, son fils, seigneurs de Varax, se départirent de tous les dommages qu'ils demandaient à la dame de Beaujeu et à Louis, son fils, pour quatre-vingts têtes de gros bétail qui avaient été enlevées dans leurs terres, pendant cette guerre, du temps d'Humbert, père de cette princesse, et de 1.000 livres viennoises qu'ils estimaient les autres dommages qui leur avaient été faits; ils se départirent encore d'un mas appelé la terre de Saint-Pierre qu'ils prétendaient avoir été usurpé sur eux; ils prétendaient aussi que le châtelain de Chalamont, avec ses hommes, leur avait fait pour 30 livres de dommage, dont ils se départirent également, aussi bien que de l'injure qu'on leur avait faite et du déshonneur qu'ils avaient reçu, parce que le sire de Beaujeu avait fait arrêter Ulrich de Varax et l'avait tenu quelque temps prisonnier de guerre. Girard de Varax se départit des dommages qu'on lui avait faits, en son particulier, dans les terres qu'il avait eues en fief du comte de Savoie. Il fut convenu que les seigneurs de Varax feraient hommage aux sires de Beaujeu, sauf l'hommage qu'ils devaient à leurs autres suzerains, qu'ils prendraient 100 sols viennois du fief de ces princes, qu'ils seraient hommes de Madame de Beaujeu, et ensuite de son fils, quand elle serait décédée. En récompense de ces cessions et de cet hommage, la dame de Beaujeu et ses enfants : Guy, comte de Forez, et Louis, sire de Beaujeu, quittèrent les seigneurs de Varax de toute la haine et rancune qu'ils avaient contre eux et de tous les dommages qu'ils leur avaient faits jusqu'à ce jour : ils promirent, de part et d'autre, de faire cesser les plaintes que les alliés pourraient faire des maux qu'ils avaient reçus pendant ces troubles ; cette paix fut signée des sceaux des seigneurs de Varax et du comté de Savoie.

Girard, seigneur de Varax, surnommé la Guêpe, eut un différend avec les Chartreux de Seillon qui fut terminé par l'entremise de Jacques de Buenc, du prieur de Montfort et d'Antoine de Saix, chevalier, par traité de l'an 1309. Ce seigneur accompagna Amé IV, comte de Savoye au voyage qu'il fit en Italie avec l'empereur Henri, et fut présent, en 1313, à l'investiture que lui fit l'empereur de tout ce qu'il possédait en l'Empire. En 1323, il fut choisi comme arbitre pour les différends qui pourraient survenir entre Guichard VII de Beaujeu et Humbert, sire de Villars. En 1324, il fit hommage à Edouard, comte de Savoie, de tout ce qu'il tenait en fief de lui, à cause de Bagé. Il fut présent, comme conseiller d'Aymon, comte de Savoie au traité que ce prince fit, en 1330, avec Blanche de Bourgogne, comtesse douairière de Savoie, sa belle-sœur, et il assista, en 1334, au traité fait entre le même comte de Savoie et Humbert, dauphin de Viennois.

Guillaume, son fils, seigneur de Varax, vécut peu de temps et testa en 1339. Béatrix de Varax, sa sœur, veuve d'Hugues de Plantey, et son fils, Henri du Plantey, firent, en 1363, une transaction par laquelle il fut convenu que ladite Béatrix jouirait de la terre de Varax, à la seigneurie de laquelle, de tout temps était réunie une juridiction haute, moyenne et basse, tant en première instance qu'en cause d'appel, avec le droit d'avoir des prisons, etc.

Henri, fils de Guillaume de Varax, fut seigneur de Varax; il se trouva à la bataille que le comte Vert donna aux Milanais, après leur avoir fait lever le siège d'Ast et suivit le comte Rouge en la guerre qu'il fit aux Valaisans. Étant au château du Châtelard, en Dombes, en 1367, il fit hommage à Humbert, sire de Thoire et de Villars, de ce qu'il tenait en fief de lui, à la réserve de la fidélité due au comte de Savoie et de l'hommage dû au sire de Beaujeu. Il fit hommage, en 1378, à Amé de Savoie, seigneur de Bagé et de Coligny, de la seigneurie de Varax.

Son successeur fut son fils Henri II; il était un des principaux seigneurs de l'État de Savoie qui allèrent dans l'armée que le comte Vert envoya contre les seigneurs de Milan, pour le marquis de Montferrat. Il accompagna, en 1383, Amé VI, comte de Savoie, lorsque ce prince, à main armée, rétablit dans son siège l'évêque de Sion. En 1393, étant au château de Chambéry, il fit hommage à Amé VII, comte de Savoie, de sa ville, justice, mandement et hommes de Varax, dont il fut investi par ce prince ; outre sa fidélité qu'il donna au comte de Savoie, il lui promit obéissance, aide, conseil et faveur en son administration. Jean, duc de Berry, et le duc de Bourgogne lui écrivirent, en 1393, pour faire conduire le jeune comte Amé VII de Savoie pour conclure son mariage avec la princesse Marie de Bourgogne, ce que ce seigneur de Varax exécuta. Il eut grosse difficulté avec le seigneur de Beaujeu et de Dombes pour les limites de sa terre de Varax, laquelle, après une longue guerre, fut apaisée par l'entremise de Philippe de Savoie, comte de Bresse. Il fut présent à l'hommage que les gentilshommes de Dombes firent à Amé VII, en 1398, en qualité de vicaire de l'empire. Par son testament, du 12 février 1422, il voulut être enterré dans la chapelle de Saint-Laurent de l'église de Saint-Paul-de-Varax où les armes de ses ancêtres, étaient placées aux quatre coins, et fit plusieurs fondations assignées sur le produit de sa directe, en particulier du péage de Varax. Ce testament fut passé dans la chambre basse du château de Varax, près d'un escalier où se trouvaient les armes de la maison de Varax.

Gaspard, fils d'Henri II de Varax, fut bailli de Bugey, chambellan de Louis, duc de Savoie. En 1436, il fit renouveler le terrier de Varax et les redevables déclarèrent être dans la justice mère, mixte et impère, c'est-à-dire haute, moyenne et basse de la seigneurie de Varax. Il fut présent, avec plusieurs grands seigneurs, à la ratification que le duc de Savoie fit, en 1441, d'un traité fait en son nom avec Charles, duc de Bourbon, pour le baron de Beaujeu, son fils. Depuis il fut disgracié, avec plusieurs autres seigneurs, par le duc de Savoie, et ensuite rétabli en grâce par par l'entremise du roi Charles VII ; il jura pour Louis, duc de Savoie, le traité qu'il fit, en 1452, avec ce roi. En récompense de ses services et de ceux de ses prédécesseurs envers la maison de Savoie, il eut du duc Louis les seigneuries de Saint-Sorlin, Lagnieu et Vaux, en Bugey, qui furent érigées en marquisat.

Gaspard II de Varax, fils de Gaspard Ier, fut son successeur à Varax ; Louis, duc de Savoie, pour reconnaître ses services, par lettre du 26 février 1460, érigea la terre de Varax en comté, avec les premier et deuxième degré de juridiction et autres prérogatives dont jouissaient les autres comtés de l'Empire et de ses Etats, tant deçà que delà les monts. Gaspard, comte de Varax fut présent à plusieurs actes importants du comté de Savoie.

Sa fille unique Gilberte, comtesse de Varax, épousa Hugues de la Palu, seigneur de Châtillon-la-Palu, Saint-Mauris-de-Remens, le Plantay, maréchal de Savoie.

Hugues de la Palu, comte de Varax, vicomte de Salins, eut, après son mariage, avec l'héritière de Varax, un gros différend avec Thomas de Saluces, qui prétendait que Gilberte de Varax lui avait été promise en mariage.

Jean-Philibert, fils de Hugues de la Palu et d'Antoinette de Polignac, sa seconde femme, fut comte de Varax après son père ; il fut lieutenant-général pour le duc de Savoie au gouvernement de Bresse, fut du célèbre et magnifique tournoi que Charles, infant d'Espagne, puis empereur, fit faire à Valladolid en 1506 ; en 1518 il était chevalier de la confrérie de Saint Georges au comté de Bourgogne ; il assista, en 1519, à la cérémonie de la fête de l'Annonciade, en la Sainte-Chapelle de Chambéry, comme chevalier de cet ordre. Il suivit l'empereur Charles V en son voyage d'Angleterre en 1526.

Jean de la Palu fit foi et hommage, en 1535, du comté de Varax à François Ier, roi de France ; il l'avait reçu dans la succession de Jean-Philibert de la Palu, son cousin, mort sans enfants ; il était seigneur de Jarnosse, et mourut le 9 janvier 1544, ne laissant que deux filles de Claudine de Rye, sa seconde femme, savoir : Marie, femme de René, comte de Chalant, et Françoise, mariée à Ferdinand, duc de Boiane ; elles moururent toutes deux sans postérité ; leur mère fut leur héritière et transmit le comté de Varax à la maison de Rye, vers 1570.

En 1603, Christophe de Rye, marquis de Varambon, reprit le fief du comté de Varax. A cette époque le château et maison forte de Varax, avec pont-levis, fossés, cinq grosses tours, le colombier et grange étaient ruinés ; il y avait un bourg et ville, joignant le château, auquel bourg, avant la dernière guerre, soulaient avoir quarante maisons qui avaient été abattues et brûlées ; les sujets dudit Varax étaient presque tous morts et ceux qui restaient, au nombre de quinze environ, étaient pauvres et misé-rables. Il y avait deux moulins, dont l'un était ruiné; l'autre était arrenté, mais la rente ne se percevait pas, attendu que le moulin était vacant.

Le 3 juillet 1624, son fils messire François de Rye de la Palu, marquis de Varambon, reprit le fief et donna le dénombrement du comté de Varax.

A sa mort, Louis XIII donna le comté de Varax, par représailles, à Gaspard de la Croix, comte de Castries, qui le remit à Christine-Claire de Haraucourt, veuve de François de Rye, le 24 mai 1641 ; celle-ci en reprit le fief, le 21 mai 1643, et laissa Varax à son fils Ferdinand de Rye.

Varax passa ensuite à Ferdinand de la Baume-Vaudrey, comte de Montrevel, et à sa femme Marie Ollier de Nointel, lesquels le vendirent, en décembre 1657, à Pierre Perrachon, marquis de Varambon, conseiller du Roi, secrétaire de ses finances, qui en reprit le fief le 17 décembre.

Alexandre-Louis Perrachon, son fils et héritier universel, reprit le fief de Varax et en donna le dénombrement les 14 août 1688 et 15 janvier 1689.

En vertu d'un partage fait, le 14 août 1705, entre les enfants de Pierre Perrachon, le comté de Varax échut à ses filles, Marie-Thérèse et Marie-Anne qui en reprirent le fief et en donnèrent le dénombrement le 19 juillet 1712, puis le vendirent, le 9 août 1719, pour le prix de 205,000 livres, à Etienne de Rivérieulx, écuyer, seigneur de Marcilly et Civrieux, secrétaire du Roi. Celui-ci reprit le fief du comté de Varax, le 20 février 1720, et donna cette terre à son fils Hugues de Rivérieulx, conseiller à la cour des Monnaies de Lyon, lors de son mariage, en 1725, avec Blanche Albanel.

Hugues de Rivérieulx de Varax mourut le 2 septembre 1758, léguant le comté de Varax à ses deux fils, Gaspard-Etienne de Rivérieulx de Marcilly et Jean-Claude de Rivérieulx de Civrieux, officier de cavalerie au régiment d'Escars. Le premier de ceux-ci étant mort au château de Varax, en 1762, le second posséda seul la terre de Varax jusqu'à sa mort, qui fut le fait de la Commission révolutionnaire de 1793. En vertu de

partages faits entre ses enfants, en 1796, le château de Varax échut à sa fille Hélène de Rivérieulx de Varax, femme de Claude de Tircuy de Corcelle ; celle-ci l'aliéna, vers 1802, à Madame de Levetton, de laquelle il a passé à la famille Desvernay ; il appartient aujourd'hui à MM. Chalandon, petits-fils de Mme Louis Guérin, née Desvernay, et fils de M. Emmanuel Chalandon et de Mlle Hélène Guérin.

Fief de Veillères

La maison de Veillères, située dans la paroisse de Saint-Paul-de-Varax, était dans la totale justice du comté de Varax ; ceux du nom et armes de Vérières ou Veillères, ancienne famille de Bresse, la firent bâtir et la tenaient en fief du comté de Varax.

Le premier seigneur de Veillères qui soit connu est Andrinon de Veillères, vivant en 1360, marié, en 1378, à Marguerite de Ferlay, dont il eut :

Philippe de Veillères, damoiseau, seigneur dudit lieu, marié à Marie de Saint-Germain, veuve en 1432, dont :

Jean, seigneur de Veillères, marié à Huguette Prévost de Coligny, dont :

Edouard, seigneur de Veillères, qui, de Marie de Feillens, eut :

Antoinette, dame de Veillères, vers 1510, mariée à Adrian de Vignier, écuyer, seigneur de Cogna, en Comté, et de la Botte, en Bresse, après la mort duquel elle se remaria avec Adrian d'Oncieux, écuyer, seigneur de Douvres, en Bugey ; elle n'eut aucun enfant de ces deux unions et laissa Veillères à son dernier mari, qui, d'un second mariage, eut :

Jean-Philibert d'Oncieux, seigneur de Veillères, marié, en 1550, à Bernarde de Bonivard ; n'ayant aucun enfant, il légua la seigneurie de Veillères à sa sœur Claudine d'Oncieux, mariée à ... de Syon, écuyer, seigneur de Creste, en Genevois, par testament du 11 mai 1551, et d'eux est descendu Antoine de Syon, seigneur de Veillères, qui eut de Claudine de Colomb, fille de Philibert de Colomb, écuyer, qualifié seigneur de Veillères :

Claudine de Syon, femme de Claude de Bellecombe, écuyer, seigneur de Chasselas, en Mâconnais, à laquelle échut la maison et seigneurie de Veillères.

Le fief de Veillères appartint ensuite à Pierre Perrachon, marquis de Saint-Maurice, de Treffort et de Varambon, comte de Varax, d'où il passa à ses filles Marie-Thérèse et Marie-Anne, qui en reprirent le fief et en donnèrent le dénombrement le 19 juillet 1712, puis le vendirent, le 2 août 1719, à Etienne de Rivérieulx, seigneur de Marcilly ; celui-ci en reprit le fief et en donna le dénombrement le 20 février 1720, puis le donna, en 1725, à son fils Hugues de Rivérieulx de Varax, en faveur de son mariage avec Blanche Albanel. Ce dernier mourut en 1758 et laissa Veillères à son fils, François-Claude de Rivérieulx de Gage, capitaine au régiment de Lyonnais, lequel le vendit, le 26 septembre 1773, à son frère Jean-Claude de Rivérieulx, comte de Varax, qui en jouit jusqu'à la Révolution, après laquelle il échut à sa fille aînée Blanche de Rivérieulx de Varax, femme de Jean-Louis de Guichard, ancien conseiller au parlement de Dombes. Mme de Guichard a aliéné Veillères vers 1830.

.

Seigneurie de Saint-Nizier-le-Désert

La seigneurie de Saint-Nizier-le-Désert, située en Bresse, au mandement de Villars, était ainsi appelée parce qu'elle était située en un lieu qui ressemblait à un désert, au milieu des bois et des marais.

Saint-Nizier-le-Désert dépendait directement, au commencement du XIIIe siècle, des sires de Beaujeu. En 1276, Louis de Beaujeu donna à

Guillaume de Juifs la justice dans sa terre située à Saint-Nizier-le-Désert, avec le droit de juger jusqu'à la mutilation des membres.

Il y eut transaction entre Girard de la Palu, seigneur de Varambon, et Guillaume de Verfay, en 1290, par laquelle le premier revendit au second les droits, revenus, domaines, gardes, tailles et coutumes qui se levaient sur la maison, hommes et possessions de Saint-Nizier, lesquels lui avaient été vendus, à grâce de réachat, par les seigneurs de Verfay.

En 1404, Hugues, seigneur de Verfay, se plaignit que les officiers de Chalamont avaient été, dans un lieu nommé la Cabre, marquer des mesures de vin à la mesure de Chalamont, quoique ce lieu, paroisse de Saint-Nizier-le-Désert, fût de sa juridiction. Il se plaignit encore qu'on avait fait couper le poing et ensuite pendre un homme à Chalamont et qu'on avait fait exposer ce poing sur un pilier de justice, dans un petit pré, à la porte de Saint-Nizier, dont il était le seigneur.

Jean de Verfay, vivant en 1430, fut seigneur de Saint-Nizier et de Verfay et eut pour successeur dans ces seigneuries son fils François qui mourut en 1504, sans laisser postérité de Claire de Chabeu, et fit ses héritiers Humbert de Chabeu, seigneur de Feillens, et Jean-Louis de la Balme du Tiret, ses alliés, lesquels partagèrent son hoirie ; en vertu de ce partage, la seigneurie et maison forte de Saint-Nizier échut à Humbert de Chabeu qui testa en 1541.

François de Chabeu, son fils, lui avait succédé, en 1553, dans la possession de Saint-Nizier qu'il vendit, le 30 novembre 1570, à Philibert de la Baume, baron de Saint-Amour et de Montfalconnet.

Louis de la Baume, comte de Saint-Amour, son fils et héritier, en passa revente, le 30 novembre 1576, à Guillaume de Pigna, seigneur de la Botte. Georges de Pigna, son fils, baron du Bourg-Saint-Christophe, céda, le 12 décembre 1616, à François de Belly, seigneur des Echelles, mari de sa sœur Catherine de Pigna, ses droits sur la seigneurie de Saint-Nizier, et Jean de Belly, un de ses successeurs, l'aliéna, après 1664, à Claude de Bachod et Jean-Antoine de la Teyssonière de la Fontaine, seigneur de la Veyze. Celui-ci laissa sa part dans la seigneurie de Saint-Nizier à François, son fils, qui fut père d'Aynard de la Teyssonnière, seigneur de Saint-Nizier, dont il fit aveu et donna dénombrement, le 27 mars 1675, puis vendit cette terre à Jacques du Tour, archidiacre de la collégiale de Montluel.

Les 12 juin 1684 et 27 mai 1685, furent faite reprise de fief et donné dénombrement de la seigneurie de Saint-Nizier, consistant en plusieurs héritages et une rente noble, par Jacques du Tour, qui l'avait acquise le 11 janvier 1676.

Le 25 février 1697, reprise de fief fut faite et dénombrement fut donné de la même seigneurie, partie en Bresse, partie en Dombes, par Jacques du Tour-Vulliard, maître des requêtes au Parlement de Dombes, lieutenant-général au Bailliage et Présidial de Bourg, qui l'avait reçue de Jean-Jacques du Tour-Vulliard, son père, conseiller honoraire au Parlement de Dombes ; ce dénombrement contient la maison seigneuriale, plusieurs héritages, une rente noble et la nomination de la chapelle Notre-Dame.

Le 26 août 1704, Jacques du Tour-Vulliard prêta hommage pour les seigneuries de Saint-Nizier-le-Désert et des Policardières.

Vers 1720, Etienne de Rivérieulx, seigneur de Marcilly, acheta de la famille du Tour-Vulliard la seigneurie de Saint-Nizier-le-Désert qu'il donna, en 1725, à son fils Hugues de Rivérieulx de Varax. Celui-ci reprit le fief et donna le dénombrement, les 16 juin 1727 et 4 mars 1729, de la seigneurie de Saint-Nizier et de la rente noble des Policardières et les légua, en 1758, à son fils Claude-César de Rivérieulx de Saint-Nizier qui en reprit le fief le 17 mai 1772, les possédait encore en 1777 et les aliéna à la famille d'Ivoley. En 1789, le seigneur de Saint-Nizier était le baron d'Ivoley, colonel d'artillerie.

Seigneurie de Marcilly-d'Azergues

La seigneurie de Marcilly appartenait autrefois à l'abbé d'Ainay ; en 1296, celui-ci acheta d'Humbert de Buxy certains droits de juridiction qu'il possédait à Marcilly. En 1554, la rente noble de Marcilly appartenait à Claude Baronnat, chevalier, seigneur de Poleymieux, et, en 1657, à Alexandre Mazoyer, trésorier de France, seigneur de la Tourette.

Le château de Marcilly appartenait, en 1658, à Antoine Mey ; de cette famille il passa par alliance aux Puylata. Le 2 août 1709, Etienne de Rivérieulx acheta les biens mis en décret de Guillaume Puylata situés dans les paroisses de Marcilly, Civrieux et Chazay ; il fit aussitôt reconstruire le château de Marcilly sur les dessins de Mansard et y employa, selon une tradition de famille, les gens de l'endroit éprouvés par la disette de 1709 ; le parc et les jardins furent, dit-on, dessinés par le Nôtre. La cour d'honneur fut fermée de grilles de fer d'un travail remarquable. Du château de Marcilly situé sur un plateau, on a une vue admirable sur la plaine et les coteaux qui environnent la Saône et l'Azergues.

Le 17 septembre 1718, Etienne de Rivérieulx acheta de François d'Haussonville, abbé d'Ainay, toute la justice qu'il possédait, en cette qualité, dans les paroisses de Marcilly et de Civrieux jusqu'à la rivière d'Azergues comprise pour moitié dans ladite vente, moyennant la rente annuelle, perpétuelle et foncière de 1.150 livres, au principal de 23.000 livres.

Etienne de Rivérieulx étant mort en 1731, son fils Hugues de Rivérieulx de Varax lui succéda dans la seigneurie de Marcilly qu'il conserva jusqu'à sa mort, arrivée en 1758. Blanche Albanel, comme sa veuve et héritière fiduciaire, fit foi et hommage, le 13 juillet 1761, en la chambre du Bureau des finances de la généralité de Lyon, pour les terres de Marcilly, Civrieux et Lozanne et les fiefs d'Ars et Plambost, situés dans les paroisses de Limonest et Lissieu. Leur fils Jean-Claude de Rivérieulx de Varax fut ensuite propriétaire de la seigneurie de Marcilly jusqu'à sa mort arrivée en 1794. Claude de Rivérieulx de Varax de Marcilly, fils de ce dernier, vendit, en 1830, la terre de Marcilly. Le château appartient actuellement à la famille Bourceret.

Seigneurie de Civrieux-d'Azergues

Vers 1121, la famille Calvi ou le Chauve tenait l'église de Civrieux en fief de l'archevêque de Lyon. Vers 1200, Othon Aygliers se qualifiait seigneur de Civrieux. Cette seigneurie fut ensuite indivise entre deux seigneurs; l'abbé d'Ainay, seigneur du clocher, vendit sa part à Etienne de Rivérieulx, dont les descendants la possédèrent jusqu'à la Révolution; celle du château appartenait à une maison du nom de Civrieux qui la porta, vers 1360, par un mariage à la maison de Sarron, qu'on trouve à Civrieux jusque vers 1830.

Seigneurie de Lozanne

La seigneurie de Lozanne était anciennement du domaine des abbés d'Ainay. Vers 1200, Jean de Vaure était seigneur de ce lieu. Vers 1570, cette seigneurie appartenait à Jean Arod, seigneur de Montmelas, qui y eut pour successeur son fils Jean-Jacques, vivant en 1639, père de Guillaume Arod, baron de Montmelas, seigneur d'Ars et Lozanne, vivant en 1650. La famille Athiaud possédait aussi une partie de la seigneurie de Lozanne, qu'elle transmit aux Boissat, lesquels la passèrent, vers 1680, aux Chabod de Saint-Maurice. André Athiaud de Boissat, lieutenant-général des armées du Roi, était, en 1663, seigneur de Lozanne et Gage.

Léonard de Flory vendit, en 1724, à Etienne de Rivérieulx la rente noble et la justice haute, moyenne et basse de la paroisse de Lozanne; les descendants de celui-ci les possédèrent jusqu'à la Révolution.

Fief de Gage

Le château de Gage, situé dans la paroisse de Chazay-d'Azergues, au bord de la rivière de ce nom, est flanqué de quatre tours; la tradition rapporte que Diane de Poitiers l'habita, vers 1550.

Dès 1121, la famille de Chazay possédait le fief de Gage, qui appartenait, en 1265, à Berthet de Chazay. Vers 1550, la maison et grange de Gage avait passé à Antoine Bullioud, général des finances du Roi au duché de Bretagne; en 1581, Hugues Athiaud, docteur ès droits, citoyen de Lyon, était seigneur de la maison forte de Gage; il y eut pour successeur son fils André, seigneur de Lozanne, lieutenant-général des armées du Roi. L'abbaye d'Ainay acquit ensuite la rente et le château de Gage qu'elle vendit à Etienne de Rivérieulx, dont les descendants possédèrent le fief de Gage, conjointement avec la seigneurie de Marcilly, jusqu'à la Révolution.

Fief du Boisset

Etienne de Rivérieulx était seigneur, en 1722, du fief du Boisset, autrement dit du Bouchet, à Marcilly; il venait de l'acquérir et le transmit à ses descendants, seigneurs de Marcilly.

Fief de Plambost

Le fief de Plambost était un ancien hôpital existant dès le commencement du xiiie siècle ; les archevêques de Lyon et différentes autres
personnes lui firent des legs par testament. En 1281, Aymard, archevêque
de Lyon, donna cet hôpital et ses dépendances aux Chartreux de Sainte-
Croix-en-Jarez, lesquels l'accensèrent, en 1436, à Bertrand Payen, notaire
à Lyon, dont le fils Grégoire le vendit, en 1450, à Monin Boysseris, de
Lissieu. Ce dernier céda ses droits, en 1487, aux Célestins de Lyon, à la
charge de conserver à la maison son caractère hospitalier ; les Célestins en
obtinrent la remise en forme des Chartreux, en 1497, et le conservèrent
depuis, jusqu'au 11 août 1723, qu'ils l'aliénèrent, moyennant 35.000 livres,
à Etienne de Rivérieulx qui le réunit à sa terre de Marcilly et dont les
descendants le conservèrent jusqu'à la Révolution.

Fief d'Ars

Le château d'Ars tirait son nom du bois d'Ars, dont il était environné.
Une vague tradition attribue sa fondation à des chefs sarrazins ou maures
d'Espagne, qui s'y seraient maintenus quelque temps, en 733, époque où,
après avoir remonté le Rhône, ils vinrent mettre le siège devant Lyon
qu'ils prirent et renversèrent de fond en comble. Lorsque ce château se
trouvait border l'ancienne route royale de Lyon à Paris par la Bourgogne,
il possédait plus d'un hôte auguste. Les rois de France, dit Ogier, qui
semble parler sans preuve et au hasard, se rendant à Lyon, ne manquaient
jamais de s'arrêter au vieux manoir féodal ; c'est de là qu'ils faisaient

leur entrée solennelle dans la seconde ville de leur royaume; on raconte que ce lieu servit de prison à un illustre captif.

D'après M. Péan, le nom d'Ars indique une limite de tribu, de clan, de domaine druidique, et parfois un retranchement établi à cette limite.

Le fief d'Ars situé dans la paroisse de Limonest fut d'abord possédé par une famille qui en portait le nom; on l'appelait Ars en Burzy, en Bruzil, en Bressy, en Bresi ou Ars au Royaume.

En 1499, noble homme messire Etienne d'Ars était seigneur du château d'Ars; il testa en 1505 et fit son héritier universel, son fils noble Charles d'Ars, damoiseau, auquel il substitua messire Antoine d'Ars, chanoine de l'église de Lyon, son autre fils. Ce dernier se qualifiait seigneur d'Ars en 1517; il testa en 1538, léguant l'usufruit du château et de la maison d'Ars, à noble Claudine d'Ars, sa sœur, et faisant héritier universel noble Claude Gaste, fils aîné de feu noble Philibert Gaste et de ladite Claudine d'Ars. Celle-ci testa au château d'Ars en 1538. Noble homme Claude Gaste était seigneur d'Ars en Bresi ou Burzy, en 1542. En 1551, Claude Gaste possédait la maison forte d'Ars en Burzy, consistant en maisonnements, granges, terres, prés, vignes, bois, domaine et fief noble, sans rentes ni servis. Il testa en 1584 et fit héritiers universels noble François de Claveyson, seigneur de Pernans, son neveu, et noble Jean Arod, seigneur de Montmelas, son cousin, par égales portions; ceux-ci partagèrent en 1586, le château et la terre d'Ars; le deuxième eut pour sa part, la grande salle, la cave au-dessous, la chambre et le grenier de haut en bas, avec deux tours sur le devant, les murailles de la maison et château d'Ars, la grande loge où était le truel, les étables, le verger, la moitié du jardin au-devant du grand portail dudit château, avec la maison de la tuilière, son four, le bois de Langreley, etc.; le premier eut pour pour la sienne, la chambre de la cuisine, deux chambres sur la dite cuisine, une autre chambre et la chapelle au troisième étage, le grenier au-dessus, la cour et la maison de la cuisine, etc., les rentes et droits seigneuriaux se partagèrent également; la même année François de Claveyson céda à Jean Arod sa part du domaine d'Ars.

En 1587, Jean Arod testa et eut pour successeur à Ars son fils Jean-Jacques Arod qui en était seigneur en 1592. Ce dernier testa en 1639 et

son fils Guillaume lui succéda à Ars, dont il donna l'aveu et dénombrement en 1671 ; ce domaine contenait alors 1.800 bicherées ; une
rente noble en dépendait. Son fils Gaspard Arod était seigneur d'Ars, en
1678 ; il testa en 1694 et fit héritier universel son fils Joseph qui donna,
en 1708, le dénombrement de la terre d'Ars, d'un revenu de 2.000 livres.
En 1720, ledit Joseph Arod, marquis de Montmelas, vendit à Etienne de
Rivérieulx, seigneur de Saint-Paul-de-Varax et Marcilly, le fief et château
fort d'Ars et toutes ses dépendances, moyennant le prix de 50.000 livres.
Les descendants de ce dernier ont possédé le château d'Ars réduit à l'état
de ferme jusque vers 1830.

Fief du Plat de Bellecour

En 1546, le fief du Plat de Bellecour ou Villeneuve-le-Plat, situé dans la
ville de Lyon appartenait à Jean du Peyrat, lieutenant-général au gouvernement de Lyon, président du Conseil de Dombes.

Le 13 avril 1589, les échevins de Lyon consentirent à ce que M. du
Peyrat se retirât, quand bon lui semblerait, à sa maison du Plat, à la charge
de n'y admettre ni conférer avec personne suspecte et de n'en sortir
jusqu'à ce qu'autrement soit ordonné ; le 2 juin, on lui permet d'aller à
toute heure aux Célestins, à Confort, à Bellecour et autres endroits du
quartier, là où sa santé lui ferait choisir ; le 12 juin, il lui fut permis et à
sa famille d'aller à Yvours et en revenir.

En 1593, Hugues Athiaud, docteur en droits, était seigneur de Villeneuve-le-Plat.

En 1617, Marie Athiaud, veuve de Pierre de Boissat, vi-bailli de Vienne,
possédait le fief de Villeneuve-le-Plat.

Le 21 août 1646, André Athiaud de Boissat, chevalier, seigneur de
Lissieu, Villeneuve-le-Plat, maréchal des camps et armées du roi, vendit,

moyennant 25.000 livres tournois, à noble Gaspard Charrier, conseiller du roi, cinq places de terre dans le jardin de Villeneuve-le-Plat, en la ville de Lyon.

Le fief de Villeneuve-le-Plat ou du Plat de Bellecour fut ensuite possédé par la famille Perrachon de Saint-Maurice. M. Perrachon vendit, en 1722, à Claude-César Ferrari de Romans la rente noble du Plat de Bellecour, pour lui, son ami élu ou à élire ; celui-ci choisit son beau-père Etienne de Rivérieulx, comte de Varax. La rente noble du Plat de Bellecour tomba ensuite, en partage, à Claudine de Rivérieulx, femme dudit Claude-César Ferrari de Romans, qui la vendit, en 1732, au consulat de Lyon.

Fief de la Place

La maison de la Place, située en la paroisse de Jarniost, en Lyonnais, qu'on appelait, en 1627, la Place Benier, appartenait alors à honorable David Roland, bourgeois de Villefranche, fils de François Roland, et avait des dépendances assez considérables.

Antoine Roland, échevin de Lyon, était, dès 1687, seigneur de la Place qu'il avait acquise, par décret, des héritiers de David Roland. Ayant exposé à Camille de Neufville, archevêque de Lyon, qu'il possédait une maison noble appelée de la Place, située en la paroisse de Jarniost, laquelle était considérablement éloignée de l'église paroissiale ; ce qui faisait qu'il ne pouvait assister avec sa famille, aussi souvent qu'il souhaiterait, au saint sacrifice de la messe ; et que, pour y remédier, il avait dessein de faire construire une chapelle dans sa dite maison, et avait supplié ledit archevêque de lui accorder la permission nécessaire ; vu le consentement du curé de la paroisse, Camille de Neufville autorise Antoine Roland à construire ladite chapelle, commet ledit curé pour la visiter et la bénir, s'il la trouve en dû état, et, en conséquence, permet à tous prêtres séculiers et réguliers, dûment approuvés, d'y célébrer la messe, à la réserve des

jours exceptés par les règlements généraux du diocèse, et à la condition
que ladite chapelle demeurera soumise à perpétuité à la visite, pleine et
entière autorité et juridiction de lui et de ses successeurs archevêques de
Lyon. Cette autorisation fut datée du 14 août 1690, et le 20 mai 1692,
Rémond Crottet, prêtre, curé de Ville-sur-Jarniost, s'étant transporté en
la maison noble et fief de la Place, appartenant à feu Antoine Roland,
pour procéder à la visite de l'oratoire ou petite chapelle que celui-ci avait
fait construire au bout du jardin de ladite maison et ensuite la bénir, la
trouva en état convenable et procéda à sa bénédiction, avec les cérémonies
ordinaires, sous le vocable de la Sainte-Croix, en présence des curés de
Cogny, Theizé et Pouilly-le-Monial et du vicaire de Cogny, revêtus
d'habits ecclésiastiques et l'assistant, de dame Claudine de Ponsaimpierre,
veuve d'Antoine Roland, de noble Dominique Roland, leur fils, de messire
Jean-Baptiste Laure, chanoine de Saint-Paul de Lyon, et d'autres
personnes.

Dominique Roland succéda à Antoine, son père, dans la possession de
la terre de la Place, qu'il accrut d'un domaine situé en la paroisse de
Jarnioux. En 1722, il acquit de Joseph d'Arod, seigneur de Montmelas,
des cens et servis se levant sur la paroisse de Cogny.

Le 14 septembre 1737, vu l'éloignement de l'église paroissiale de Ville-
sur-Jarniost où l'on ne peut parvenir que par des chemins impraticables
une partie de l'année, et vu la décence, même la richesse de la chapelle
de la Place, Charles-François de Châteauneuf de Rochebonne, archevêque de Lyon, permet à Dominique Roland d'y faire célébrer la messe tous
les jours de l'année, excepté ceux qui sont réservés, à la charge d'une
messe par mois.

Le 1er septembre 1754, Hugues de Rivérieulx de Varax, ancien prévôt
des marchands de Lyon, acheta de Dominique Roland son fief de la Place
situé en la paroisse de Jarniost, et consistant en une rente noble, cens,
servis, droits et devoirs seigneuriaux, château, logements pour les vigne-
rons, écuries, caves, celliers, basse-cour, domaine et fonds en dépendant
en la paroisse de Ville-sur-Jarniost, vignobles, prés, terres, bois, un
vignoble avec bâtiments pour le maître et les valets en la paroisse de
Pouilly-le-Monial et deux vignobles en celle de Cogny. Par son testament

du 22 juin 1755, il légua cette propriété à son fils Dominique de Rivérieulx de Varax de Veillères. En 1768, la terre de la Place contenait 736 ouvrées de vignes, ayant rapporté ladite année, 320 ânées pour la part du propriétaire. En 1670, la Place était qualifiée fief et belle maison, avec rente noble.

Le 26 mai 1771, Dominique de Rivérieulx de Varax de Veillères, vendit, pour le prix de 68.450 livres, à Jean Sandrin, seigneur de Jarniost et de la Roche-Cardon, son fief de la Place et toutes ses dépendances, domaines, vignobles, moulin, pressoir à huile, rente noble, directe, meubles meublants, cuves, pressoirs, bestiaux, etc. Dès le 2 septembre 1771, Jean Sandrin et dame Thérèse Perrin, sa femme, revendirent le fief de la Place à Jacques-Michel Sahuc de Planhol, trésorier de France, seigneur de Souflets, et à dame Jeanne Vaguet, son épouse. Le 8 février 1779, Jacques-Michel Sahuc de Planhol vendit le fief de la Place estimé 100.000 livres, à Gabriel Clavière, conseiller en la Sénéchaussée de Lyon, marié à Charlotte Sahuc de Planhol, sa fille. Annet-Michel de Clavière, leur fils, posséda ensuite la terre de la Place qui a passé à sa fille Françoise-Gabrielle de Clavière, mariée au vicomte Henri de la Chapelle, et appartient aujourd'hui à son petit-fils le baron Léonel de la Chapelle. Un balcon du château de la Place porte encore les armoiries des Rivérieulx de Varax.

Baronnie de Chambost-Longessaigne

En 1173, le comte de Forez devait foi et hommage à l'archevêque de Lyon pour le château de Chambost. Au mois de décembre 1229, Humbert V de Beaujeu se réglant avec Guy, comte de Forez, celui-ci lui quitta en aleu Chambost, avec ses appartenances, mandement, seigneurie, feudage et tout ce qu'il y pouvait prétendre. Au mois de décembre 1247, Elisabeth de Beaujeu, veuve de Simon, seigneur de Luzy, et fille d'Humbert V de Beaujeu, épousant Renaud de Forez, son père lui donna toutes les appartenances et dépendances de Chambost.

En 1273, Arthaud III de Saint-Germain acquit de Louis de Forez, sire de Beaujeu, moyennant 350 livres, la terre et baronnie de Chambost, partie en Forez, partie en Beaujolais ; il y eut pour successeurs Arthaud IV, son fils, en 1295 ; Arthaud V, son petit-fils, Arthaud VI, son arrière petit-fils en 1330, Arthaud VII, fils de ce dernier, en 1406. Noble et puissant seigneur messire Arthaud d'Apchon, seigneur et baron de Chambost et de Montrond, donna le dénombrement de Chambost le 6 mars 1539 ; il en était encore seigneur en 1552. Henri d'Apchon était baron de Chambost en 1591. La baronnie de Chambost appartenait, le 30 novembre 1597, à messire Gilbert d'Apchon, dont la petite-fille Marguerite d'Apchon, mariée à René de Semur, était baronne de Chambost en 1603.

Chambost fut ensuite possédé par la famillde Luzy de Quérières, qui le vendit, vers 1640, aux Thélis ; Jacques de Thélis, baron de Chambost, fut père de Gaspard, baron de Chambost en 1687 et 1705.

Le 23 avril 1735, vente fut faite par messire Abraham de Thélis, chevalier, baron de Chambost, seigneur de Chastel et Cleppé, dame Claude-Elisabeth Baudinot du Breuil, son épouse, et messire Jean-Baptiste de Thélis, écuyer, à Claude Rivérieulx, écuyer, de la terre, seigneurie et baronnie de Chambost-sous-Longessaigne, en Beaujolais, consistant en justice haute, moyenne et basse, sur toute la paroisse de Chambost et partie des paroisses circonvoisines, rentes nobles portant laods et autres droits seigneuriaux, domaines, moulins prés, terres, bois de haute futaie et taillis, garennes, etc., moyennant 70,000 livres.

En 1777, messire Dominique-Claude de Rivérieulx, écuyer, chevalier-commandant du guet de Lyon, était baron de Chambost-Longessaigne, bourg et paroisse dépendant du Beaujolais et enclavé dans le Forez et le Lyonnais. La terre de Chambost donnée, en contrat de mariage, par Dominique-Claude de Rivérieulx de Chambost à son fils Claude-Marie de Rivérieulx de Chambost, valait 100,000 livres en 1790 ; elle appartient aujourd'hui aux enfants du comte Anatole de Rivérieulx de Chambost qui n'a laissé que des filles.

Fief de la Fayette

Anne de Simiane d'Albigny donna, le 15 mars 1539, le dénombrement du fief de la Fayette situé dans la paroisse de Chambost-Longessaigne.

La Fayette fut probablement plus tard une dépendance de la baronnie de Chambost; elle appartenait, vers 1750, à Claude de Rivérieulx, écuyer, baron de Chambost, qui fut échevin et prévôt des marchands de Lyon.

Fief de la Ferrandière

De 1672 à 1687, Louis de Marivin, écuyer, seigneur de Londières, posséda le fief de la Ferrandière, dans la paroisse de Villeurbanne.

Au commencement du xviiie siècle, la Ferrandière appartenait à Charles de Rivérieulx de la Ferrandière, conseiller en la Cour des Monnaies de Lyon, qui y eut pour successeur Claude de Rivérieulx, son neveu, baron de Chambost, prévôt des marchands de Lyon. En 1789, la Ferrandière appartenait au fils de ce dernier, Claude-Antoine de Rivérieulx de la Ferrandière.

Vers 1800, la Ferrandière était une belle maison avoisinée par des bois agréables et arrosée par une petite rivière très poissonneuse. Depuis lors, les Dames du Sacré-Cœur y ont établi un noviciat et un pensionnat.

Indication succincte de la postérité des ancêtres figurant dans le tableau ci-après, celle des Rivérieulx exceptée.

LIGNE PATERNELLE

1er Degré	2e Degré	3e Degré	4e Degré	5e Degré	6e Degré
Gabriel DE RIVÉRIEULX DE VARAX.	Jean-Jacques DE RIVÉRIEULX DE VARAX.	Jean-Claude DE RIVÉRIEULX DE VARAX.	Hugues DE RIVÉRIEULX DE VARAX.	Etienne DE RIVÉRIEULX.	Antoine DE RIVÉRIEULX. / Claudine BERTON.
				Marie ROLAND DE LA PLACE.	Antoine ROLAND. / Claudine DE PONSAIMPIERRE.
			Blanche ALBANEL.	Gaspard ALBANEL.	Jean ALBANEL. / Blanche DU PUIS DE LA SARRA.
				Sibille FAYARD DE CHAMPAGNIEU.	Jean FAYARD DE CHAMPAGNIEU. / Anne ARNAUD.
		Marie-Marthe Sabine DE VIDAUD DE LA TOUR.	Joseph-Gabriel DE VIDAUD DE LA TOUR.	Gaspard DE VIDAUD DE LA TOUR.	Jean DE VIDAUD DE LA TOUR. / Gabrielle DE SÈVE DE FLÉCHÈRES.
				Catherine DE SIMIANE DE LA COSTE.	François DE SIMIANE DE LA COSTE. / Marie-Anne DE POURROY DE VOISSANC.
			Jeanne-Madeleine DE GALLET.	Vincent ROBERT DE GALLET.	Jacques DE GALLET. / Catherine VINCENT.
				Madeleine GUILHE DE LA COMBE.	Antoine GUILHE. / Jeanne MAURIN.
	Marie Concordia Adélaïde DE MURARD DE ST-ROMAIN.	Guillaume-Louis DE MURARD DE ST-ROMAIN.	Barthélemy-Marie DE MURARD DE SAINT-ROMAIN.	Hugues DE MURARD.	François DE MURARD. / Claude GUESTON.
				Elisabeth CROPPET DE SAINT-ROMAIN.	Jean-Baptiste Croppet de St-Romain. / Elisabeth DE SERRE.
			Rose PLOTON.	Claude PLOTON.	Jean PLOTON. / Catherine ROURE.
				Jeanne PALLUAT.	Noël PALLUAT. / Antoinette BLACHON.
		Marguerite Jacqueline Antoinette AYMARD DE FRANCHELEINS.	Philibert AYMARD DE FRANCHELEINS.	Jacques-Antoine AYMARD DE FRANCHELEINS.	Claude AYMARD DE FRANCHELEINS. / Anne DU MONT.
				Françoise BERNARD DE LA VERNETTE.	Philibert BERNARD DE LA VERNETTE. / Jeanne BOLLIOUD DE LA ROCHE.
			Jeanne JANNIN d'ENVAUX.	Louis-Antoine-Augustin JANNIN D'ENVAUX.	Jean JANNIN DU RONZEAU. / Jeanne DU BOST.
				Marguerite DE VALOUS.	Jérôme DE VALOUS. / Marguerite PERRICHON.

LIGNE MATERNELLE

1er Degré	2e Degré	3e Degré	4e Degré	5e Degré	6e Degré
Félicie DE LA CROIX-LAVAL.	Jean DE LA CROIX-LAVAL.	Pierre-Jean Philippe-Anne DE LA CROIX-LAVAL.	Jean DE LA CROIX-LAVAL.	Jean DE LA CROIX-LAVAL.	Léonard BOUSSIN DE LA CROIX. / Françoise BERGIRON.
				Marie PASQUIER.	Pierre PASQUIER. / Marie MOLLIEN.
			Bonne DERVIEU DE VILIEU.	Gabriel DERVIEU DE VILIEU.	Pierre DERVIEU. / Marguerite BERNICO.
				Anne PUPIL DE MYONS.	Jean PUPIL DE MYONS. / Catherine THOMÉ.
		Elisabeth ROBIN D'ORLIÉNAS.	François ROBIN D'ORLIÉNAS.	François ROBIN.	Antoine ROBIN. / Antoinette BRONDEL.
				Antoinette SORNIN.	Antoine SORNIN. / Benoîte BRUYAS.
			Catherine PARADIS.	Jean-Baptiste PARADIS.	Philippe PARADIS. / Jeanne FOURNIER.
				Elisabeth PATRON.	Claude PATRON. / Jeanne FONTANIER.
	Marie-Louise MOGNIAT DE L'ECLUSE.	Pierre-Ennemond Joachim-François Marie MOGNIAT DE L'ECLUSE.	François-Marie MOGNIAT DE l'ECLUSE.	Ennemond MOGNIAT DE L'ECLUSE.	Antoine MOGNIAT. / Etiennette CARRIER.
				Antoinette DU MAREST.	Louis DU MAREST. / Madeleine MALLEBAY.
			Elisabeth DE QUINSON.	Gaspard-Roch Augustin DE QUINSON.	Roch DE QUINSON. / Marguerite FAYARD.
				Elisabeth BOLLIOUD DES GRANGES.	Christophe BOLLIOUD DES GRANGES. / Françoise OLLIVIER DE SÉNOZAN.
		Suzanne BELLET DE TAVERNOST.	Françoise-Elisabeth BELLET DE TAVERNOST.	Louis BELLET DE TAVERNOST.	Nicolas BELLET DE TAVERNOST. / Marie DUGAS DE BOIS-ST-JUST.
				Françoise BOLLIOUD DES GRANGES.	Christophe BOLLIOUD DES GRANGES. / Françoise OLLIVIER DE SÉNOZAN.
			Marie-Henriette-Judith DU PLESSIS DE LA BROSSE.	Jérôme DU PLESSIS DE LA BROSSE.	Etienne BOURDEREAU DU PLESSIS. / Anne GENEST.
				Anne BELLET DE PROSNY.	François BELLET DE PROSNY. / Louise BELLET DE BOISTRAIT.

CHAPITRE IV

De la Croix-Laval. — I. Léonard BOUSSIN, dit LA CROIX, demeurant à Lyon, né en 1644, mort en 1702, épousa, en 1670, Françoise BERGIRON, morte en 1728, à 99 ans, dont :

1° Léonard, chanoine de l'église cathédrale du Puy, chapelain et prédicateur de la chapelle du Roi en 1699, abbé de Saint-Julien de Tours, grand obéancier de Saint-Just de Lyon, de 1716 à 1734 ;

2° Pierre, chanoine régulier de Saint-Antoine de Viennois ;

3° Jean, qui suit.

II. Jean de la CROIX, trésorier de France en 1715, seigneur de Laval, né en 1675, mort en 1730, épousa, en 1702, Marie PASQUIER, dont :

1° Jean qui suit ;

2° Antoine, né en 1708, prieur de la Ferté-Macé, abbé de Saint-Rambert-en-Bugey, vicaire général de l'archevêque de Lyon, trésorier de France, grand obéancier de Saint-Just de 1734 à 1781;

3° Marie-Charlotte, née en 1712, mariée, en 1729 à Jean-Marie Aymon, conseiller à la Cour des Monnaies de Lyon, sans postérité ;

16

4° Marianne, née en 1713, mariée, en 1732, à Pierre-Philippe Bourlier, seigneur d'Ailly (voir plus loin leur postérité, note 26), trésorier de France ;

5° Léonard-Bon, né en 1715, officier d'artillerie, tué au siège de Coni, en 1744.

III. JEAN DE LA CROIX, seigneur de Laval, né en 1705, conseiller en la Cour des Monnaies de Lyon, mort en 1771, épousa d'abord, en 1728, MARIE MEYNARD, dont :

1° Marie, née en 1732, mariée, en 1752, à Barthélemy-Joseph de Bathéon de Vertrieu d'Amblagnieu (v. note 27), seigneur de Vertrieu, capitaine de chevau-légers, gouverneur de Vienne ;

2° Marie-Gabrielle, née en 1737, mariée, en 1758, à Barthélemy Terrasson, seigneur de Barolière, baron de Senevas (v. note 28), mort sur l'échafaud révolutionnaire.

Jean de la Croix se remaria, en 1738, à BONNE DERVIEU DE VILIEU, morte en l'an II, dont :

3° Pierre-Jean-Philippe-Anne qui suit ;

4° Antoine-Barthélemy, né en 1746, grand obéancier de Saint-Just, abbé de Saint-Rambert-en-Bugey, mort en 1822.

IV. PIERRE-JEAN-PHILIPPE-ANNE DE LA CROIX DE LAVAL, seigneur de Laval, né en 1744, chevalier d'honneur en la Cour des Monnaies de Lyon, administrateur de Rhône-et-Loire en 1790, mort victime de la Révolution, le 24 décembre 1793, épousa, en 1771, ELISABETH ROBIN D'ORLIÉNAS, morte en 1831, dont :

1° Bonne, née en 1772, morte en 1827, mariée d'abord, en 1790, à Antoine de Chasseing (v. note 29), conseiller au Parlement de Paris, seigneur de Chasselay, mort victime de la Révolution, puis, en 1797, à Louis, vicomte Bellet de Tavernost de Saint-Trivier (v. note 30), conseiller au Parlement de Bourgogne ;

2° Antoine, né en 1774, volontaire à l'armée de Condé, président des hôpitaux de Lyon, chevalier de la Légion d'honneur, marié d'abord, en l'an VII, à Jeanne-Marie-Elisabeth Piget (v. note 31) ; puis, en 1807, à Césarine Mogniat de l'Ecluse, sans postérité ; enfin à Victorine Donin de Rosière (v. note 32) ;

3° Jean, qui suit ;

V. JEAN DE LA CROIX-LAVAL, né en 1782, mort en 1860, maire de Lyon et député du Rhône sous la Restauration, chevalier de la Légion d'honneur, épousa, en 1809, MARIE-LOUISE MOGNIAT DE L'ÉCLUSE, morte en 1815, dont :

1° FÉLICIE, *mariée à Gabriel de Rivérieulx, comte de Varax ;*

2° Valentine, née en 1812, morte en 1883, mariée, en 1833, à Alfred Des Champs, comte de la Villeneuve (v. note 33), mort en 1850 ;

3° Louis, comte romain, né en 1814, mort en 1876, marié, en 1841, à Amicie Vire du Liron de Montivers (v. note 34).

De Murard. — I. Noble FRANÇOIS DE MURARD, né en 1602, seigneur d'Espagnier, Bélignieu, Montferrand, trésorier de France, mort en 1680, épousa, en 1626, CLAUDE GUESTON, morte en 1693, dont :

1° Hiérôme, né en 1630, chevalier, conseiller au Parlement de Paris, marié à Marguerite Baudon (v. note 35) ;

2° Jean-Baptiste, né en 1631, seigneur d'Espagnier, marié, en 1662, à Gabrielle Rigollet, dame de Beaurepaire ; il fut abbé de Notre-Dame de Masdéon, aumônier de la duchesse d'Orléans, et mourut en 1705 ;

3° Marguerite, née en 1633, reçue, en 1646, au monastère de la Déserte, à Lyon ;

4° Madeleine, religieuse au même monastère ;

5° Hugues, qui suit ;

6° Marie, née en 1641, religieuse de Saint-Benoît, à Saint-Pierre de Lyon ;

7° Virgine, née en 1642, religieuse à Saint-Elisabeth de Lyon ;

8° André, chevalier des ordres du Mont-Carmel et de Saint-Lazare, seigneur d'Espagnier, marié à Anne Guyon ;

9° Claude, né en 1646, religieux Augustin, prieur à Bourg-en-Bresse ;

10° François, né en 1648, prieur et seigneur de Mornant ;

11° André, prieur et et seigneur de Mornant.

II. Hugues de MURARD, chevalier, seigneur de Montferrand, né en 1640, officier au régiment de Picardie, puis conseiller au grand Conseil, épousa d'abord Magdeleine LANGLIER, puis, en 1680, Elisabeth CROPPET de SAINT-ROMAIN, qui lui apporta la terre de Saint-Romain-au-Mont-d'Or ; il eut de celle-ci :

1° Marie, reçue en 1700, au monastère de Saint-Pierre de Lyon ;

2° Hiérôme, prêtre, procureur général de la Congrégation de l'Oratoire, mort en 1746 ;

3° Hugues-François, mort enseigne des vaisseaux du Roi en 1713 ;

4° Jean-Baptiste, prieur de Beynost, vivant en 1738 et 1772 ;

5° Barthélemy-Marie, qui suit ;

6° Jean-François, né en 1702, chevalier de Saint-Louis, commissaire ordonnateur des guerres en Dauphiné, marié à Marie-Concordia-Adélaïde de Sucy de Saint-Germain, sans postérité ;

7° Anne, mariée, en 1718, à Guillaume-Antoine de Montolivet, (v. note 36), baron de Gourdans, capitaine au régiment de Picardie, chevalier de Saint-Louis.

III. BARTHÉLEMY-MARIE DE MURARD, né en 1700, chevalier, seigneur de Saint-Romain, conseiller en la Cour des Monnaies de Lyon, conseiller au grand Conseil, mort en 1766, eut de ROSE PLOTON :

1° Rose-Jéronime, née en 1732, mariée, en 1753, à Jean-Baptiste Bona (v. note 37), baron de Monfalconnet, seigneur de Perrex, conseiller en la Cour des Monnaies de Lyon ;

2° Guillaume-Louis, qui suit.

IV. GUILLAUME-LOUIS DE MURARD, chevalier, seigneur de Saint-Romain, né en 1715, officier au régiment de Picardie, mort en 1792, épousa, en 1769, MARGUERITE-JACQUELINE-ANTOINETTE AYMARD DE FRANCHELEINS, morte en 1833, dont :

1° MARIE-CONCORDIA-ADÉLAÏDE-PHILIBERTE, *femme de Jean-Jacques de Rivérieulx de Varax;*

2° Charles, chanoine-baron de Saint-Just, mort à 18 ans ;

3° Benoît, né en 1772, député de l'Ain sous la Restauration, mort en 1851, marié, en 1797, à Claudine-Marguerite Chiquet de Bresse (v. note 38), morte en 1843 ;

4° Alexandre, né en 1778, marié, en l'an XIII, à Anne-Zoé Terrasse d'Yvours (v. note 39), morte en 1840.

Mogniat de l'Ecluse. — I. A<small>NTOINE</small> MOGNIAT, habitant de Lyon, né en 1649, mort en 1717, épousa, en 1679, E<small>TIENNETTE</small> CARRIER, morte à 93 ans, en 1753, dont :

1° Ennemond, qui suit ;

2° Marie-Catherine, née en 1685, mariée, en 1708, à Jean-Baptiste Bouvet ;

3° Gabrielle, née en 1686, mariée, en 1714, à Joachim Charret (v. note 40), receveur à la douane de Lyon, commissaire pour l'artillerie, secrétaire du Roi, et morte en 1724 ;

4° Jean-Louis, religieux de la Compagnie de Jésus, missionnaire à la Martinique ;

5° Magdelaine, née en 1695, mariée, en 1719, à Claude de Ville ;

6° Robert, religieux chartreux.

II. E<small>NNEMOND</small> MOGNIAT, seigneur de l'Ecluse, né en 1681, échevin de Lyon en 1738 et 1739, mort en 1751, épousa, en 1726, A<small>NTOINETTE</small> <small>DU</small> MAREST, morte en 1759, à 68 ans, dont :

1° François-Marie, qui suit ;

2° Ennemond-Pierre Joachim Mogniat de Liergues, seigneur de Liergues et Pouilly-le-Monial, né en 1730, trésorier de France, marié, en 1763, à Marie-Michelle Testel (v. note 41), morte en 1830 ;

3° Louise-Madeleine, née en 1732, mariée, en 1753, à Jean-Baptiste d'Espinay de Laye (v. note 42), seigneur de Laye ;

4° Anne-Marie, née en 1734, mariée, en 1756, à Roch-François-de Quinson de Poncin, chevalier, baron de Poncin.

III. François-Marie MOGNIAT de L'ECLUSE, né en 1728, conseiller à la Cour des Monnaies de Lyon, mort victime de la Révolution, épousa, en 1758, Claudine-Elisabeth de QUINSON, dont :

IV. Pierre-Ennemond-Joachim-François-Marie-Élisabeth MOGNIAT, comte de l'Ecluse, né en 1759, capitaine au régiment de la Reine dragons, mort en 1834; il épousa Suzanne BELLET de TAVERNOST, morte en 1851, dont :

1° Henriette, mariée à Eswald-Henry-Gabriel Henrys, marquis d'Aubigny (v. note 43) ;

2° Césarine, mariée à Antoine de la Croix-Laval, sans postérité;

3° Marie-Louise, *mariée à Jean de la Croix-Laval.*

De Vidaud. — I. Jean de VIDAUD, seigneur de la Tour, comte de la Bâtie, baron d'Anthon, né en 1626, procureur du Roi en la Sénéchaussée de Lyon, procureur général au Parlement de Dauphiné, mort en 1703, épousa, en 1649, Gabrielle de SÈVE de FLÉCHÈRE, morte en 1710, à 80 ans, dont :

1° Jean, seigneur de la Tour, comte de la Bâtie, née en 1650, capitaine de cavalerie, mort en 1707 ;

2° Françoise, née en 1662, prieure du monastère de Saint-Benoît de Lyon ;

3° Pierre, seigneur de Mogneneins, né en 1656, capitaine de cavaleurie ;

4° Antoinette, mariée à François de la Croix de Chevrières de Sayve (v. note 44), comte de Marigny, marquis d'Ornacieux, président à mortier au Parlement de Grenoble;

5° Gaspard, qui suit.

II. Gaspard de VIDAUD, né en 1671, comte de la Bâtie, baron d'Anthon, procureur général au Parlement de Dauphiné, épousa, en 1704, Catherine-Françoise de SIMIANE de la COSTE, élevée fille d'honneur de Madame, dont :

1° Joseph-Gabriel, qui suit ;

2° Suzanne, religieuse à la Visitation de Grenoble ;

3° Catherine, religieuse au couvent de Saint-Benoît de Lyon ;

4° Antoinette, mariée à Louis Aymon de Franquières (v. note 45), seigneur de Franquières, conseiller au Parlement de Dauphiné, mort en 1780 ;

5° François, chanoine de l'église de Saint-André de Grenoble, abbé de Châteaudun, conseiller-clerc au Parlement de Dauphiné ;

6° Gaspard, capitaine au régiment royal des vaisseaux ;

7° Mathieu, lieutenant au même régiment.

III. Joseph-Gabriel de VIDAUD, seigneur de la Tour, comte de la Bâtie, baron d'Anthon, procureur général au Parlement de Dauphiné, épousa, en 1735, Jeanne-Madeleine de GALLET, morte, en 1794, victime de la Révolution, dont :

1° Jean-Jacques de Vidaud de la Tour, comte de la Bâtie, baron d'Anthon, premier président au Parlement de Dauphiné, mort victime de la Révolution en 1794, marié, en 1773, à Marie-Joséphine-Louise-Sophie de Cambis de Fargues (v. note 46), marquise de Velleron, morte en 1776 ;

2° Gabriel de Vidaud d'Anthon, marié à Marie-Victoire de Guyon de Geis de Pampellonne, sans postérité ;

3° Madeleine-Françoise, mariée à François de Gallien de Chabons (v. note 47), seigneur du Passage, conseiller au Parlement de Grenoble ;

4° MARTHE, *mariée à Jean-Claude de Rivérieulx, comte de Varax ;*

5° Marie-Nicole, mariée, en 1770, à Gabriel de Sautereau (v. note 48), seigneur de Chasse, capitaine de cavalerie au régiment de Berry ;

6° Marie-Charlotte, mariée, en 1776, à Jacques-Joseph de Guyon de Geis de Pampellonne (v. note 49), seigneur de Rochemaure, baron de Pampellonne, major au corps royal d'artillerie, chevalier de Saint-Louis ;

7° Jeanne-Françoise-Gabrielle, mariée à Jean-Antoine-Alexis, comte de Ponnat (v. note 50), baron de Gresse et Beaurières, colonel de dragons, chevalier de Saint-Louis.

Robin d'Orliénas. — I. ANTOINE ROBIN, greffier à Saint-Marcellin, en Dauphiné, eut d'ANTOINETTE BRONDEL :

II. FRANÇOIS ROBIN, mort en 1730, à 44 ans, marié, en 1711, à ANTOINETTE SORNIN, veuve de Joseph Catton, morte en 1746, à 68 ans, dont :

1° François, qui suit ;

2° Marie, née en 1719, mariée, en 1740, à Pierre Berthaud (v. note 51), conseiller en la Cour des Monnaies de Lyon.

III. FRANÇOIS ROBIN, né en 1712, secrétaire du Roi, seigneur d'Orliénas, marié, en 1733, à CATHERINE PARADIS, morte, en 1782, à 68 ans, en eut :

1° Elisabeth, née en 1737, religieuse au monastère de la Visitation de Bellecour ;

2° Benoît-Marie, seigneur d'Orliénas, conseiller à la Cour des Monnaies de Lyon, né en 1743, mort en 1830, marié d'abord, en 1769, à Marie-Honorée Verdun, puis à sa cousine Marie-Antoinette Paradis, morte en 1825 ; sans postérité ;

3° Pierrette-Marie, née en 1745, mariée, en 1762, à Roch-Marie-Vital Fourgon de Maisonforte (v. note 52), conseiller en la Cour des Monnaies de Lyon, né en 1732, mort victime de la Révolution ;

4° CATHERINE-ELISABETH, *femme de Pierre-Jean-Philippe-Anne de la Croix-Laval.*

Aymard de Francheleins. — I. CLAUDE AYMARD, seigneur de Francheleins, élu en l'élection de Mâconnais, maître des requêtes au Parlement de Dombes en 1703, épousa, en 1670, ANNE DU MONT, dont :

1° Jacques-Antoine, qui suit ;

2° Claude, capitaine d'infanterie, marié, en 1733, à N. de Chal ;

3° 4° Deux filles religieuses à la Visitation de Mâcon.

II. JACQUES-ANTOINE AYMARD, seigneur de Francheleins et Montval, élu en l'élection de Mâcon en 1704, maître des requêtes au Parlement des Dombes en 1710, épousa, en 1712, FRANÇOISE BERNARD DE LA VERNETTE, dont :

1° Philibert, qui suit ;

2° Mathieu Aymard de Montval, lieutenant-colonel au régiment de Crussol cavalerie, chevalier de Saint-Louis, marié à Marie-Thérèse de Meaux (v. note 53).

III. PHILIBERT AYMARD DE FRANCHELEINS, seigneur de
Francheleins, président au bailliage de Mâconnais, conseiller d'honneur au
Parlement de Dombes, en 1754, épousa, en 1750, JEANNE-CAMILLE JANNIN
D'ENVAUX, dont :

1° MARGUERITE-ANTOINETTE-JACQUELINE, *mariée à Guillaume-Louis de
Murard ;*

2° Marie-Charlotte, mariée, en 1774, à Antoine-Elisabeth Penet de
Monterno, comte du Châtelard (v. note 54).

Bellet de Tavernost. — I. NICOLAS BELLET, seigneur de Tavernost,
conseiller au Parlement de Dombes en 1690, premier président en 1727,
intendant de cette principauté en 1712, naquit en 1662 et mourut en 1730,
il épousa d'abord, en 1693, MARIE DESCHAMPS DE MESSIMIEUX,
morte sans postérité en 1694, puis en 1695, MARIE DUGAS DE BOIS-
SAINT-JUST, morte en 1713, dont il eut :

1° Marie, née en 1700, mariée à Daniel Le Viste de Briandas, comte
de Montbrian (v. note 55), chevalier d'honneur, grand bailli d'épée
et commandant dans la principauté de Dombes ;

2° Louis qui suit ;

3° Jeanne, née en 1704, religieuse au monastère des Deux-Amants à
Lyon, morte en 1760 ;

4° François Bellet de Cruix, né en 1705, mort en 1759, lieutenant-
colonel au régiment de Boulonnais;

5° Antoine, chanoine-baron de Saint-Just, mort en 1750, à 40 ans.

II. LOUIS BELLET, baron de Saint-Trivier-en-Dombes, seigneur de
Tavernost, Cruix, conseiller au Parlement de Dombes en 1729, chevalier

d'honneur, né en 1702, mort en 1775, épousa, en 1731, Françoise BOLLIOUD des GRANGES, née en 1710, morte en 1773, dont :

1° François-Elisabeth, qui suit :

2° Suzanne-Laurence, dite mademoiselle de Tavernost, née en 1734, morte en 1809 ;

3° François-David, chanoine d'Ainay, mort en 1758 ;

4° Jeanne-Françoise, dite Mademoiselle de Cesseins, née en 1740, morte en 1819 ;

5° Antoine-François-Suzanne, capitaine de génie, chevalier de Saint-Louis, né en 1743, mort en 1823 ;

6° Elisabeth, dite mademoiselle du Péron, née en 1744, morte en 1819;

7° Louise, religieuse de la Visitation à Lyon, morte en Bohême, en 1799.

III. François-Elisabeth BELLET, baron de Saint-Trivier, seigneur de Tavernost, La Brosse, avocat général au Parlement de Dombes, en 1757, né en 1733, mort en 1790, épousa, en 1758, Marie-Judith-Henriette du PLESSIS de la BROSSE, née en 1736, morte en 1820, dont :

1° Françoise Hiéronyme, née en 1759, morte en 1831, mariée à François-Henri Boussard de la Chapelle (v. note 56), mort en 1826 ;

2° Louis-Pierre, vicomte Bellet de Tavernost de Saint-Trivier, né en 1760, conseiller au Parlement de Dijon en 1783, mort en 1851, marié, en 1797, à Bonne de la Croix-Laval, morte en 1827;

3° Suzanne, *mariée à Pierre-Ennemond-Joachim-François-Marie-Elisabeth Mogniat, comte de l'Ecluse ;*

4° Daniel Bellet de Tavernost, né en 1770, mort en 1836, marié, en 1806, à Alexandrine-Anne Giraud de Montbellet, née en 1776, morte en 1826 (v. note 57) ;

5° Antoine, né en 1780, mort en 1859.

Albanel. — I. Jean ALBANEl, demeurant à Lyon, mort en 1694, à 65 ans, épousa, en 1662, Blanche du PUIS de la SARRA, morte en 1728, à 84 ans, dont :

1° Annet, né en 1663, demeurant à Lyon, mort en 1694, marié, en 1693, à Claudine de Rivérieulx ;

2° Jean-Mathieu, né en 1666, habitant à Lyon, mort vers 1709 ;

3° Jean, seigneur de Batailloux et de La Lande, né en 1667, mort vers 1735 ;

4° Marie, née en 1669, mariée en 1688, à Charles-Gabriel de Valous, écuyer, avocat en Parlement ;

5° Gaspard, qui suit ;

6° Bertrand, né en 1675, religieux de la Compagnie de Jésus ;

7° François, écuyer, seigneur de la Balme, avocat en Parlement, né en 1676, marié à Marie-Anne Grassot (v. note 58) ;

8° Blanche-Catherine, née en 1677, mariée en 1698, à Jean Borne, échevin de Lyon, en 1715 ;

9° Louis Albanel de Saint-Jory, né en 1680, trésorier du Roi, argentier proviseur de sa grande écurie en 1705, mort en 1752, marié à N. N. (v. note 59.

10° Anne-Thérèse, née en 1681, religieuse de Sainte-Elisabeth de Bellecour ;

11° Charles Albanel de la Sablière, né en 1687, capitaine au régiment de Lyonnais, commissaire ordonnateur des guerres en 1716, marié, en 1714, à Elisabeth Parent (v. note 60).

18

II. Gaspard ALBANEL, né en 1672, échevin de Lyon en 1716 et 1717, épousa d'abord en 1707, Sibille FAYARD, puis en 1722, Jeanne GAYOT ; il eut de la première :

1° Blanche, *femme d'Hugues de Rivérieulx, comte de Varax ;*

2° Anne, née en 1709, mariée, en 1728 à Jean-Baptiste Trollier, seigneur de Messimieux (v. note 61), conseiller en la Cour des Monnaies de Lyon.

Dervieu de Vilieu. — Pierre DERVIEU, seigneur de Montmain, secrétaire du Roi en 1691, mort en 1694, épousa en 1666, Marguerite BERNICO, morte en 1682, dont :

1° Marie, née 1666, morte en 1737, mariée, en 1686, à Gaspard de Laurencin (v, note 62), chevalier, seigneur de Prapin ;

2° Anne, morte en 1741, mariée, en 1692, à Jacques du Tour-Vulliard (v. note 63), seigneur de Saint-Nizier-le-Désert, conseiller au Parlement de Dombes, mort en 1718 ;

3° Gabriel, qui suit.

II. Gabriel DERVIEU, baron de Loyes et Vilieu, secrétaire au Parlement de Dombes en 1684, chevalier d'honneur en la Cour des Monnaies de Lyon, lieutenant général d'épée en 1704, mort en 1745, à 70 ans, épousa Anne PUPIL DE MYONS, morte en 1764, dont :

1° Bonne, *mariée à Jean de la Croix, seigneur de Laval ;*

2° Jeanne, mariée, en 1729, à Gilbert Rousset de Saint-Eloy (v. note 64), seigneur de Terrebasse, trésorier de France ;

3° Barthélemy-Denis Dervieu de Vilieu, baron de Loyes, premier chevalier d'honneur, en 1770, à la Cour des Monnaies de Lyon, lieutenant général d'épée, marié, en 1774, à Marie Rigod (v. note 65);

4° Marguerite, née en 1726, mariée d'abord, en 1746, à Claude Le Clerc de Saint-Denis (v. note 66), mort, en 1775, à 59 ans, puis, en 1776, à Henri-Louis-Gabriel de Villemandy, chevalier de Saint-Louis.

Ploton. — I. Jean PLOTON, demeurant à Saint-Etienne en 1653, eut de Catherine ROURE :

1° Claude, qui suit ;

2° Rose, femme de Lambert Gaultier (v. note 67), capitaine des ports, ponts et passages de Lyon.

II. Claude PLOTON, conseiller en l'élection de Saint-Etienne, eut de Jeanne PALLUAT :

1° Rose, *femme de Barthélemy-Marie de Murard.*

De Quinson. — I. Roch de QUINSON, échevin de Lyon en 1729 et 1730, mort en 1733, à 70 ans, épousa, en 1688, Marguerite FAYARD, morte en 1705, dont :

1° Gaspard-Roch-Augustin, qui suit ;

2° Claudine, née en 1690, mariée, en 1713, à Thomas Farget (voir note 68), bourgeois de Lyon ;

3° Anne-Marguerite, née en 1694, religieuse au monastère de Sainte-Marie des Chaînes de Lyon ;

4° Louise, née en 1695, religieuse au même monastère ;

5° Marguerite, mariée, en 1712, à Dominique Birouste (v. note 69), échevin de Lyon en 1733 ;

6° Benoîte, née en 1696, mariée en 1718, à Jean-Marie Ravachol (voir note 70), échevin de Lyon en 1746.

II. Gaspard-Roch-Augustin de QUINSON, né en 1700, baron de Cerdon, président des trésoriers de France à Lyon, mort en 1777, épousa, en 1728, Elisabeth BOLLIOUD des GRANGES, dont :

1° François-Roch-Antoine, né en 1729, baron de Poncin, gouverneur de Poncin et Cerdon, marié d'abord, en 1756, à Anne-Marie Mogniat de l'Ecluse, puis, en 1770, à Anne-Marie Michon ;

2° François-David Roch, lieutenant-colonel d'infanterie, major du régiment de Beauce, baron de Poncin, marié, en 1774, à Elisabeth Boulard de Gatellier (v. note 71) ;

3° François-Roch de Quinson de la Cueille, écuyer ;

4° Claudine-Elisabeth, *femme de François-Marie Mogniat de l'Ecluse.*

De Gallet. — I. Jacques GALLET, né vers 1625, receveur des fermes, douanes et péages sur le Rhône, à, Anconne, près Montélimar, épousa, en 1677, Catherine VINCENT, dont :

1° Vincent-Robert, qui suit :

2° Christophe Gallet de Saint-Christophe, receveur général des gabelles à Lunel ;

3° Antoine, chanoine de Montélimar, vicaire général de l'évêque de Saint-Paul-Trois-Châteaux, abbé de la Magdeleine de Châteaudun et d'Aiguebelle, mort en 1752 ;

4° Pierre-Louis, né en 1662, fermier général, mort en 1727 ;

5° Jean-Louis de Gallet de Saint-Prix, fermier général en 1728, maître d'hôtel de la Reine, mort en 1756 ;

6° Jean-Jacques de Gallet de Coulanges, marquis de Gallet et de Mondragon, secrétaire du Roi en 1722, conseiller d'Etat, maître d'hôtel ordinaire du Roi, mort en 1758 ;

7° Catherine, mariée, en 1680, à Noël Benay (v. note 72) ;

8° Jeanne, mariée, vers 1675, à Jean Caseneuve (v. note 73).

II. VINCENT-ROBERT DE GALLET, né en 1675, capitaine châtelain d'Anconne, secrétaire du Roi, mort en 1730, épousa en 1710, MAGDELEINE GUILHE DE LA COMBE, morte en 1757, à 81 ans, dont :

1° JEANNE-MAGDELEINE, *mariée à Joseph-Gabriel de Vidaud de la Tour ;*

2° Antoine-Vincent, né en 1712, capitaine de cavalerie au régiment de Grammont, mort colonel au siège de Fribourg, en 1744 ;

3° Jean-Jacques de Gallet de Beauchesne, marquis de Gallet et de Mondragon, officier de marine, conseiller d'Etat, maître des requêtes en 1744, maître d'hôtel ordinaire du Roi, secrétaire des commandements de Madame la Dauphine, marié en 1753, à Marie-Jeanne Duval de l'Epinay (v. note 74);

4° Jacques-Louis-Christophe de Gallet de Canne, officier, avocat général au Parlement de Grenoble .

Paradis. — I. PHILIPPE PARADIS eut de JEANNE FOURNIER, morte en 1697 :

II. JEAN PARADIS, demeurant à Lyon, né en 1680, mort en 1747, marié, en 1712, à ELISABETH PATRON, morte en 1758, à 82 ans, dont :

1º CATHERINE, *mariée à François Robin d'Orliénas ;*

2º Philippe, né en 1713, premier président, lieutenant-général au présidial de Bourg en 1738 et 1740, mort en 1772, marié à Marie de Raymondis (v. note 75) ;

3º Elisabeth, mariée à Pierre-François Bruyas, avocat ès cours de Lyon, de Lyon, seigneur de la Chance et Cenas (v. note 76) ;

4º Jean, secrétaire du Roi, marié, en 1742, à Pierrette-Marie Chapuys (v. note 77) .

Jannin d'Envaux. — I. JEAN JANNIN DU RONZEAU, seigneur d'Envaux, avocat au Parlement, bourgeois de Lyon, eut de JEANNE DU BOST :

1º Louis-Augustin-Antoine qui suit ;

2º Etienne-Claude Jannin d'Hautecombe, né en 1679, bourgeois de Lyon, mort en 1759, marié à Marie Roche ;

3º Thérèse Jannin du Ronzeau, née, en 1694, mariée d'abord, en 1731, à César d'Epiney, sieur de Balmont, employé dans les fermes du Roi, puis, en 1743, à Bernard Perrodon, employé dans lesdites fermes.

II. LOUIS-AUGUSTIN-ANTOINE JANNIN D'ENVAUX, officier au régiment de Bassigny infanterie, épousa, en 1730, MARGUERITE DE VALOUS, dont :

1º JEANNE-CAMILLE, *mariée à Philibert Aymard de Francheleins.*

Du Plessis de la Brosse. — I. ETIENNE BOURDEREAU, sieur du Plessis, contrôleur chez le Roi, écuyer de Madame la Dauphine, eut D'ANNE GENEST :

II. Jérome du PLESSIS de la BROSSE, seigneur de la Brosse, payeur des gages du Parlement de Dombes en 1720, maître des requêtes audit Parlement en 1750, mort en 1768, à 86 ans ; il épousa d'abord, en 1727, sa cousine N. GENEST de LAUNAY, puis, en 1732, Anne BELLET de PROSNY, morte en 1749 ; il eut de celle-ci :

1° Marie-Benoîte-Pierrette, mariée, en 1765, à Louis Le Viste, comte de Montbrian, capitaine au régiment de Bourbonnais, chevalier d'honneur au Parlement de Dombes, en 1757 ;

2° Marie-Judith-Henriette, *femme de François-Elisabeth Bellet de Tavernost.*

Roland. — I. Antoine ROLAND, né en 1631, échevin de Lyon en 1690 et 1691, seigneur de la Place, mort en 1691, épousa, en 1663, Claudine de PONSAIMPIERRE, morte en 1694, à 50 ans, dont :

1° Marie, *mariée à Etienne de Rivérieulx ;*

2° Dominique, seigneur de la Place, échevin de Lyon en 1722 et 1723, né en 1665, marié, en 1707, à Marie Vande (v. note 78), morte à 66 ans, en 1753 ;

3° Suzanne, née en 1675, novice, en 1692, au monastère de Sainte-Marie de Bellecour ;

4° Lambert, né en 1678, chanoine et chantre de Saint-Paul de Lyon, archidiacre de la cathédrale de Marseille ;

5° Marie-Marguerite, née en 1683, novice en 1705, au premier monastère de la Visitation de Sainte-Marie de Bellecour ;

6° Magdelaine, faisant, en 1698, sa profession au même monastère.

Pasquier. — I. Pierre PASQUIER, demeurant à Lyon, épousa, en 1682, Marie MOLLIEN, dont :

1° Gaspard, né en 1684, maître des ports, ponts et passages de Lyon, marié à Marie Vérot ;

2° Marie, *femme de Jean de la Croix-Laval ;*

3° Charlotte, née en 1692, mariée à Jean Genthon, receveur des tailles en l'élection de Saint-Etienne (v. note 79).

Croppet de Saint-Romain. — I. Jean-Baptiste CROPPET, seigneur de Saint-Romain-au-Mont-d'Or, conseiller d'Etat, mort en 1669, épousa, en 1646, Elisabeth de SERRE, dont :

1° Jean, seigneur de Saint-Romain, né en 1650, conseiller en la Sénéchaussée de Lyon en 1674, marié, en 1675, à Marie de Guignard de Saint-Priest, sans postérité ;

2° Barthélemy, né en 1653, entré à l'Oratoire de Jésus, à Saint-Magloire de Paris ;

3° Isabeau, *femme d'Hugues de Murard.*

Du Marest. — I. Louis du MAREST, né en 1652, mort en 1721, eut de Madeleine MALLEBAY, morte en 1728, à 70 ans :

1° Antoinette, *femme d'Ennemond Mogniat, seigneur de l'Ecluse ;*

2° Louis, trésorier de France, échevin de Lyon, en 1747 et 1748, seigneur de Chassagny, né en 1692, mort en 1756, marié, en 1733, à Anne Jouvencel (v. note 80).

De Simiane. — I. François de SIMIANE-la-COSTE, seigneur de Montbives, président au Parlement de Grenoble, épousa d'abord Anne AUDEYER, puis Marie-Anne de POURROY de VOISSANC ; il eut de celle-ci :

1° Nicolas-François, dit le comte de Simiane, chevalier d'honneur de Madame, duchesse d'Orléans, maréchal de camp en 1718, mort en 1741, à 70 ans, marié, en 1710, à Suzanne Guyhou (v. note 81) ;

2° Alphonse-François, maître de l'Oratoire du duc d'Orléans, abbé de Marcillac, en 1721, seigneur d'Imphy ;

3° Antoine-François, maître de cavalerie, chevalier de Saint-Louis et de Saint-Lazare, marié à Marie de Laire (v. note 82) ;

4° Catherine, *mariée à Gaspard de Vidaud de la Tour.*

Sornin. — I. Antoine SORNIN, mort en 1701, eut de Benoîte BRUYAS :

1° Etienne, né en 1675, mort en 1707, marié, en 1700, à Cécile Brandon (v. note 83) ;

2° Jeanne, née en 1677, mariée, en 1698, à Jacques-Philippe Tollin ;

3° Claudine, née en 1680, mariée, en 1702, à Aymé Rocoffort (v. note 84), mort en 1713 ;

4° Antoinette, *femme de François Robin.* Elle épousa auparavant, en 1701, Antoine Catton, dont elle eut : *a)* Marie Catton, mariée, en 1724, à Philippe Cusset ; *b)* Antoinette Catton, religieuse, en 1740, au monastère de Sainte-Marie-de-l'Antiquaille ; *c)* Jeanne-Marie Catton, religieuse au même monastère.

Antoine SORNIN se remaria à Marie BILLON, dont :

5° Claudine, mariée, en 1710, à Annibal Pannier (v. note 85).

Bernard de la Vernette. — I. Philippe BERNARD, seigneur de la Vernette, conseiller au bailliage de Mâcon, secrétaire du Roi, en 1715, épousa d'abord, en 1666, Anne ALBERT, puis, en 1675, Jeanne BOLLIOUD de la ROCHE; il eut de celle-ci:

1° Philibert, seigneur de la Vernette, chevalier d'honneur au bailliage de Mâcon, lieutenant de Roi en Mâconnais, marié, en 1717, à Jeanne Chesnard de Layé (v. note 86);

2° Emmanuel, mort novice dans l'Ordre des Chartreux;

3° Eléonore, mariée, en 1696, à Jean-Baptiste de la Martine, seigneur d'Hurigny (v. note 87), capitaine de dragons au régiment de Gévaudan;

4° Françoise, *mariée à Jacques-Antoine Aymard de Francheleins*;

5° 6° Marie et Marie-Claudine, religieuses de la Visitation à Lyon.

Bollioud des Granges. — I. Christophe BOLLIOUD, seigneur des Granges et Saint-Julien-Molin-Molette, secrétaire du Roi, lieutenant-général d'épée aux bailliages du Bourg-Argental et de Saint-Ferréol, né en 1674, mort en 1736, épousa, en 1707, Françoise OLLIVIER de SÉNOZAN dont:

1° Elisabeth, *femme de Gaspard-Roch-Augustin de Quinson*;

2° Françoise, *femme de Louis Bellet de Tavernost*;

3° François-David, seigneur de Saint-Julien, baron d'Argental, receveur général du clergé de France, né, en 1713, marié, en 1748, à Anne-Madeleine-Louise-Charlotte de la Tour du Pin de la Charce (v. note 88);

4° Suzanne, née en 1718, mariée, en 1737, à Louis-Claude du Pin, seigneur de Francueil, receveur général des fermes de Metz et d'Alsace (v. note 89).

Fayard de Champagnieu. — I. Jean FAYARD, né en 1646, anobli en 1697, secrétaire du Roi, trésorier de France, seigneur de Champagnieu, mort en 1727, épousa, en 1687, Anne ARNAUD, dont :

1° Laurent, baron de Bourdeille, vicomte de Villemesnard, né en 1687, receveur général des fermes des généralités d'Auch et de Dauphiné, seigneur de Champagnieu, marié d'abord, en 1721, à Pierrette Bourgelat, puis à Gabrielle-Claude Berger de Tronchoy (v. note 90);

2° Sibille, *femme de Gaspard Albanel;*

3° Gaspard, né en 1693, trésorier de France, mort en 1715.

Pupil. — I. Jean PUPIL de CRAPONNE, gentilhomme de la grande écurie du Roi, seigneur engagiste de la Tour-en-Jarez, du Fay et de Saint-Jean-de-Bonnes-Fonts, épousa d'abord, en 1669, Marie BATHÉON, dont :

1° Bonne, morte en 1742, à 73 ans, mariée, en 1694, à Louis Ravat, seigneur de Mazes (v. note 91), président en la Cour des Monnaies, échevin, prévôt des marchands de Lyon.

Jean PUPIL se remaria à Catherine THOMÉ, dont il eut :

2° Barthélemy-Jean-Claude, né en 1689, seigneur de Myons, premier président en la Cour des Monnaies de Lyon, en 1726, lieutenant-général en la Sénéchaussée, en 1722, marié, en 1722, à Marguerite de Sève de Fléchères (v. note 92);

3° Bonne, mariée, en 1713, à Léonard de Bathéon, seigneur de Vertrieu, conseiller en la Sénéchaussée de Lyon (v. note 93);

4° Jeanne-Marguerite, mariée, en 1714, à Barthélemy-Joseph Hesseler de Bagnols, baron de Bagnols et de Marzé (v. note 94), conseiller en la Cour des Monnaies de Lyon ;

5° ANNE, *femme de Gabriel Dervieu de Vilieu* ;

6° Marguerite-Julienne, religieuse hospitalière à Saint-Etienne.

Palluat. — I. NOEL PALLUAT-BESSET, né en 1645, substitut de de l'avocat et procureur du Roi en l'élection de Saint-Etienne en 1697, procureur du Roi en la même élection en 1698, mort en 1717, épousa, en 1681, ANTOINETTE BLACHON, dont :

1° Jean, procureur du Roi en l'élection de Saint-Etienne, secrétaire du Roi, mort en 1750, à 67 ans, marié, en 1722, à Marguerite Bernou de Nantas (v. note 95).

2° JEANNE, *femme de Claude Ploton.*

Guilhe. — I. ANTOINE GUILHE, receveur des fermes au péage de la Roche-Saint-Secret, en Dauphiné eut de JEANNE MAURIN :

1° MAGDELEINE, *mariée* d'abord, en 1698, à Pierre Hugon, puis à *Vincent-Robert de Gallet* ;

2° Jacques, avocat à Montélimar ;

3° Pierre Guilhe de Laye, entrepreneur des digues du Rhône, mort en 1730.

Patron. — I. CLAUDE PATRON, bourgeois de Lyon, vivant en 1677 eut de JEANNE FONTANIER :

1° ELISABETH, *femme de Jean Paradis.*

De Valous. — I. Hiérome de VALOUS, né en 1677, écuyer, avocat au Parlement, capitaine pennon du quartier du Change, mort en 1752, épousa, en 1702, Marguerite PERRICHON, morte en 1746, à 64 ans, dont :

1º Marguerite, *femme de Louis-Augustin-Antoine Jannin d'Envaux ;*

2º Suzanne, née en 1707, mariée, en 1734, à Antoine Chaslus, bourgeois de Lyon;

3º Benoît, chevalier, secrétaire et procureur général de la ville de Lyon, seigneur de Tourieux, né en 1714, mort en 1797, marié, à Françoise Fourgon de Maisenforte (v. note 96).

4º Claude, né en 1720, chanoine baron de Saint-Just de Lyon.

Bellet de Prosny. — I. François Bellet, écuyer, seigneur de Prosny, capitaine au régiment de Vendôme, mort en 1739, épousa, en 1707, Louise BELLET de BOISTRAIT, dont :

1º Anne, *femme de Jérôme du Plessis de la Brosse ;*

2º Henri, né en 1715, seigneur de Prosny, capitaine au régiment de Boulonnais, mort en 1773.

Mollien. — I. Marie MOLLIEN, femme de Pierre PASQUIER, eut de Pierre GENTHON, son second mari :

1º Marie-Anne-Eléonore Genthon, mariée à Pierre de Béhague (v. note 97) ;

2º Jean Genthon, receveur des tailles en l'élection de Saint-Etienne marié à Charlotte Pasquier.

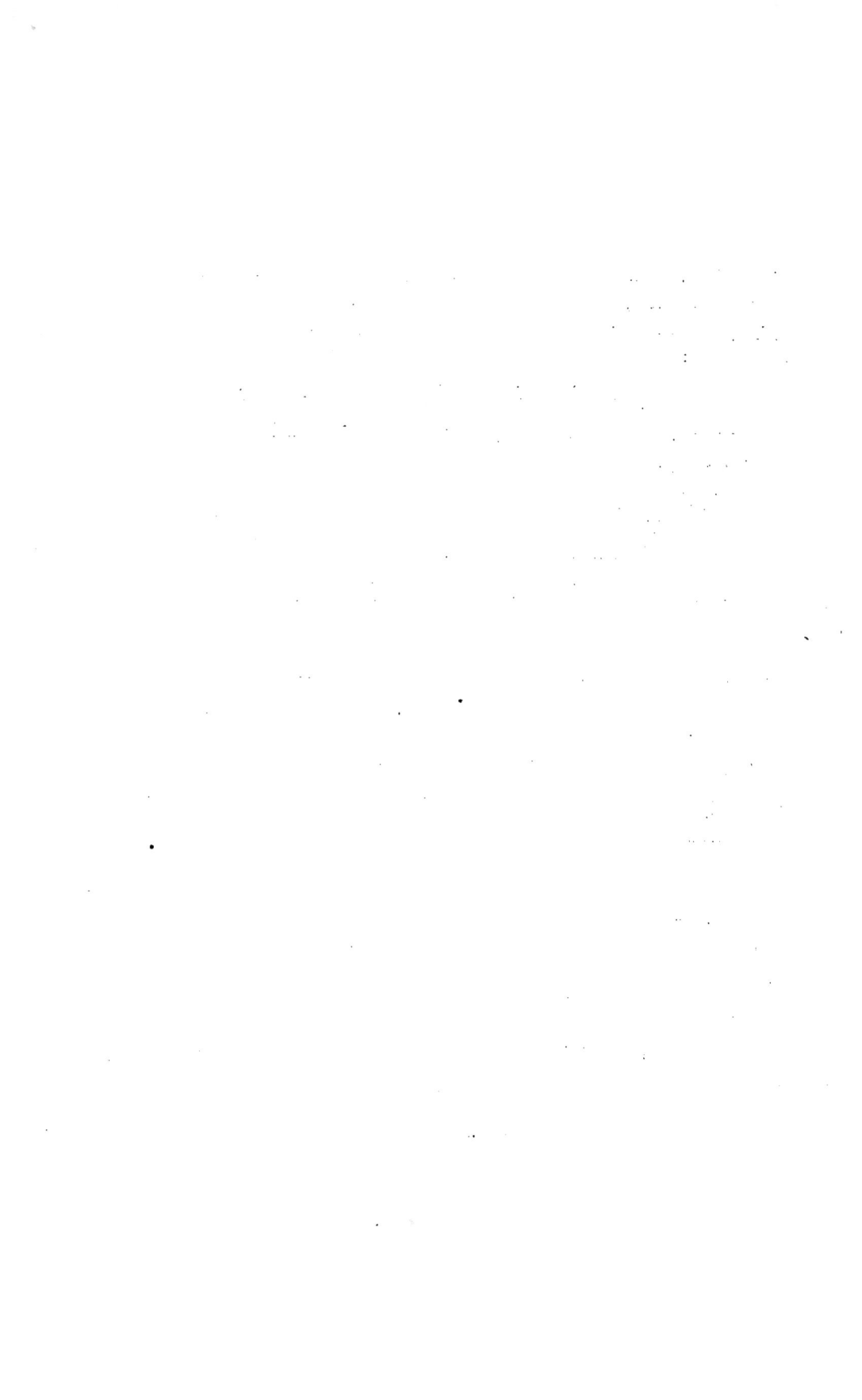

Complément abrégé du chapitre précédent

CHAPITRE V

---

26. Marie de la CROIX eut de Pierre-Philippe BOURLIER de PARIGNY :

aa. Léonard Bourlier de Parigny, seigneur d'Ailly, conseiller en la Cour des Monnaies de Lyon, mort victime de la Révolution, marié, en 1762, à Antoinette Bouvier, dont :

  ba. Pierre-Philippe Bourlier d'Ailly, seigneur d'Ailly, mort victime de la Révolution, marié à Claudine-Marie Posuel de Verneaux, dont :

   ca. Pierre-Philippe-Claude-Robert, baron d'Ailly, mousquetaire du Roi, mort en 1877, marié, en 1820, à Clémentine-Gabrielle Puy de Rosny, dont :

    da. Gabriel, baron d'Ailly, marié, en 1847, à Isabelle Bellet de Tavernost, morte en 1879, dont ;

     ea. Madeleine d'Ailly, mariée, en 1873, à Charles-François-Alban, comte de Brosses, dont postérité ;

     eb. Jacques d'Ailly, marié, en 1888, à Thérèse de Chapelle de Jumilhac et mort sans postérité ;

20

ec. Jeanne d'Ailly, mariée d'abord, en 1885, au vicomte Roger de Lauriston, puis, en 1894, au comte Gabriel de Nettancourt-Vaubecourt.

ed. Marie-Thérèse d'Ailly, mariée, en 1886, au comte Jules de Murat de L'Estang, dont postérité.

bb. Victoire-Joséphine Bourlier de Saint-Cyr, mariée, en 1791, à Jean du Myrat, officier au régiment de Conti dragons, dont :

ca. Pierre-Emile-Marie du Myrat, marié, en 1813, à Thérèse-Victoire de Brosse, dont :

da. Octavie du Myrat, mariée, en 1842, à Alfred Henri, baron des Tournelles, mort en 1888, dont ;

ea. Vital, baron des Tournelles, marié, en 1868, à Camille Neyrand, dont : Alfred des Tournelles ;

eb. Amélie des Tournelles, mariée, en 1865, au baron Henri Audras de Béost, mort en 1892, dont : Edith, mariée, en 1885, à Henri de Boisset ; Marguerite de Béost, mariée à Xavier de Pavin de la Farge.

db. Victorine du Myrat, morte en 1880, mariée, en 1832, à Maxence, comte de Grassin, mort en 1876, dont :

ea. Ferdinand, comte de Grassin, mort en 1889, marié à Marie du Bois du Coudray, morte en 1879, dont : Pierre, Henri, Gabrielle, mariée, en 1894, à Léon Vallois ; Marie-Thérèse de Grassin ;

eb. Albert, vicomte de Grassin, marié d'abord, en 1874, à Isabelle du Bois du Coudray, morte en 1880, dont : Jean de Grassin ; il s'est remarié, en 1892, à Louise de Bordes des Foret ;

ec. Sophie de Grassin, mariée en 1859, à Louis Frapet, dont postérité ;

ed. Paul, baron de Grassin, marié, en 1874, à Sidonie de Boulleuc, dont : Madeleine de Grassin ;

ef. Emma de Grassin ;

eg. Octavie de Grassin, mariée, en 1885, à Gabriel de l'Olm de Lalaubie ;

bc. Marie-Antoinette Bourlier de Parigny, mariée, en 1785, à Joseph Balant de Chamburcy, dont :

    ca. Eléonore-Marie-Sibylle de Chamburcy, morte en 1866, mariée, en 1806, à Jules Allois, comte d'Herculais, mort en 1869, dont : Théodora d'Herculais, morte à 15 ans ;

ab. Marie-Anne-Antoinette Bourlier de Saint-Cyr, mariée, en 1769, à Joseph-Charles-François de Sauzet de Fabrias, conseiller à la Cour des Comptes de Montpellier, dont :

ba. N. de Fabrias, mariée à N. Durançon ;

bb. Jean-Antoine de Fabrias, mort en 1860, marié, en 1802, à Bonne Dugas de Thurins, dont :

    ca. Georges de Fabrias, mort en 1889, marié, en 1831, à Amélie Donin de Rosière, dont :

        da. Paule de Fabrias, mariée à Auguste Bizolion, sans postérité ;

        db. Blanche de Fabrias, mariée à Charles de Récourt, dont :

            ea. Isabelle de Récourt, mariée, en 1878, à Charles Donin de Rosière, dont postérité :

        dc. Isabelle de Fabrias, religieuse de Saint-Vincent-de-Paul, morte en 1875 ;

        dd. Raoul de Fabrias, mort en 1870 ;

        de. Alban de Fabrias, marié à N. de Thélins, dont postérité ;

        df. Thérèse de Fabrias, religieuse du Sacré-Cœur ;

        dg. Jeanne de Fabrias.

  cb. Alphonse de Fabrias, mort en 1854, marié à Lucie La Guette de Mornay, sans postérité ;

cc. Antoinette de Fabrias, morte en 1882, à 75 ans ;

cd. Octavie de Fabrias, morte en 1891, sans postérité de N. Robelot de Salgré ;

ce. Auguste de Fabrias, mort en 1894, marié à Marie Donin de Rosière, dont : Valentine, Marguerite, Madeleine, Lucie de Fabrias ;

cf. Alix de Fabrias, mariée à Ernest Donin de Rosière, dont : Gabrielle, Marcelle, Raymond, Inès, Camille de Rosière ;

ac. Joseph-Marie Bourlier de Parigny, chevalier de Saint-Louis, mort en 1783 ;

ad. Jean-Claude Bourlier de Commelle, chanoine de Saint-Just, vicaire général de Mâcon, mort en 1823 ;

ae. Bonne Bourlier de Saligny, mariée, en 1775, à Hugues-Marie Folliard, chevalier.

27. MARIE DE LA CROIX eut de BARTHÉLEMY DE BATHÉON DE VERTRIEU :

aa. Léonard-Louis de Vertrieu, marié à Etiennette-Thérèse Rebierre de Naillac, morte en 1842, dont :

ba. Marie de Vertrieu, mariée, en 1827, à Camille Brossier, baron de la Roullière, capitaine de cavalerie, dont :

ca. Marguerite de la Roullière, mariée à Alfred Bohrer, comte de Kreuznach, dont :

da. Raoul de Kreuznach, tué pendant le siège de Paris ;

db. Alice de Kreuznach, religieuse du Cénacle ;

dc. Marie de Kreuznach, mariée, en 1882, à Raoul de Louvencourt, dont postérité.

cb. Stéphane, baron de la Roullière, marié, en 1855, à Louise Bayon de Libertat, dont :

da. René, baron de la Roullière, marié, en 1892, à Magdeleine
Pinet de Maupas ;

db. Anne-Marie de la Roullière, mariée, en 1893, à N., marquis
de Colbert du Cannet ;

cc. Fernand de la Roullière, mort pendant la guerre de Crimée.

bb. Elisabeth de Vertrieu, morte en 1839, mariée, en 1826, à Marc-
Antoine-César Yon, comte de Jonage, mort en 1865, dont :

  ca. André, comte de Jonage, marié à Alexandrine-Marie-Louise
Le Bœuf, morte en 1865, dont :

    da. Claudine de Jonage, mariée, en 1874, à Paul-Marie-Louis,
vicomte Calvet-Rogniat ;

ab. Bonne de Vertrieu, mariée, en 1771, à Simon-Jean-César Durand
de Châtillon, trésorier de France, mort en 1831, dont :

  ba. N. Durand de Châtillon, tué pendant le siège de Lyon ;

  bb. Marie-Bonne-Antoinette Durand de Châtillon, mariée, en 1790,
à Pierre-Anne, marquis de Chaponay, chevalier de Saint-Louis,
mort en 1832, dont :

    ca. César, marquis de Chaponay, mort en 1882, marié à
Marguerite Gigault de Crisenoy, dont :

      da. Valentine de Chaponay, mariée, en 1858, à Léon, comte
de Biencourt, dont : Marguerite, femme de Robert, comte
de Clermont-Tonnerre, Jeanne, mariée au comte Alexandre
de Lur-Saluces, Charlotte de Biencourt, mariée, en 1891,
au comte Charles de Cossé-Brissac.

    cb. Antonin, comte de Chaponay, mort en 1889, marié, en 1850,
à Cécile de Reinaud de Boulogne de Lascours, dont :

      da. Pierre, marquis de Chaponay, marié, en 1887, à Constance
Schneider, dont postérité ;

db. Humbert, comte de Chaponay, mort en 1896, marié à Marie-Pauline-Mathilde du Plat de Monticourt, dont postérité ;

cc. Bonne de Chaponay, mariée, en 1825, à Williams, comte de Truchi de Varennes, mort en 1861, dont :

  da. Henri, comte de Truchi, marié à Marguerite Carrelet de Loisy, dont : Stanislas, marié, en 1885, à Valentine M'Roe, Pierre, marié, en 1889, à Marguerite de Montillet de Grenaud, Gabriel, marié, en 1893, à Anne de Pommery, Albéric, marié, en 1888, à Marie Estignard, Jeanne, religieuse du Sacré-Cœur, Carle, marié à Elisabeth Saint-Olive, Ernest, Blanche de Truchi, religieuse du Sacré-Cœur ;

cd. Jeanne-Françoise-Christophorine de Chaponay, morte en 1896, mariée à son cousin le comte Alfred de Chaponay, sans postérité.

28. Françoise de la CROIX eut de Barthélemy TERRASSON de BAROLIÈRE :

aa. Gabriel-Louis Terrasson de Barolière, baron de Senevas, mort en 1824, marié, en l'an III, à Alexandrine Dodun de Kéroman, dont :

ba. Edouard-Hippolyte, baron de Senevas, mort en 1883, marié, en 1823, à Marie-Julie Holcker, dont :

  ca. Raoul, baron de Senevas, mort en 1872, marié, en 1855, à à Berthilde-Adélaïde Guesné, dont :

    da. Bruno, baron de Senevas, marié, en 1888, à Marie-Elise Carmier, dont : Raoul, André, Isabelle de Senevas ;

    db. Marthe de Senevas, mariée, en 1880, à Bruno-Marie-Pierre baron de Vélard, dont : Geneviève et Aliette de Vélard.

bb. Ida de Senevas, mariée à Adolphe Bergeron-Dauguy, receveur général des finances, dont :

ca. Camille Bergeron-Dauguy, mariée à N., marquis de Maupeou, dont :

  da. Blanche de Maupeou, mariée à N., comte de Valicourt d'Ambrines, dont : le vicomte Christian de Valicourt ;

  db. Madeleine de Maupeou, mariée à Ferdinand Despréaux de Saint-Sauveur, dont une fille ;

cb. Claire Bergeron-Dauguy, mariée à N. Hennet de Goutel, dont :

  da. Lucien Hennet de Goutel, marié à N., Hennet de Goutel ;

  db. Claire Hennet de Goutel, mariée à N., baron de Buttet du Bourget ;

bc. Phœdora de Senevas, mariée, en 1825, à Louis-Antoine-Léopold de Julien, marquis de Pégueirolles, brigadier des armées du Roi, dont :

  ca. Marie-Hippolyte, marquis de Pégueirolles, marié, en 1857, à Marie Vouland, dont :

    da. Berthe de Pégueirolles, mariée à N., marquis de l'Espine ;

    db. Marthe de Pégueirolles, mariée, en 1882, à N., baron d'Ast de Novellée ;

    dc. Alix de Pégueirolles, mariée, en 1883, à Georges d'Aubigny ;

    dd. Gabrielle de Pégueirolles, mariée, en 1883, à Charles de Flaugergues.

29. Bonne de la CROIX-LAVAL eut d'Antoine de CHASSEING une fille et Benony de Chasseing, né en Suisse, pendant l'émigration, tous deux morts jeunes.

30. Bonne de la CROIX-LAVAL eut de Louis BELLET de TAVER-NOST de SAINT-TRIVIER :

aa. Hippolyte, vicomte de Saint-Trivier, mort en 1867, marié d'abord, en 1824, à Elma de Grollier, dont :

    ba. Camille, vicomte de Saint-Trivier, marié, en 1853, à Isabelle Billard de Saint-Laumer, morte en 1859, dont :

        ca. Francesca de Saint-Trivier, mariée, en 1880, au comte Raymond de Saint-Pol, dont : Bathilde, Henriette, Elma, Marguerite, Geneviève et Marc-Antoine de Saint-Pol ;

        cb. Edgard de Saint-Trivier, mort jeune ;

    bb. Ubaldine de Saint-Trivier, mariée, en 1849, à Léon de la Croix-Laval et morte sans postérité.

    Hippolyte de Saint-Trivier s'est remarié, en 1832, à Geneviève de Grollier, morte en 1879, dont :

    bc. Médéric de Saint-Trivier, mort jeune ;

    bd. François de Saint-Trivier, mort jeune ;

    be. Eugène de Saint-Trivier, mort jeune ;

    bf. Emeric, baron de Saint-Trivier, marié, en 1867, à Aline de Fricon, dont : Henriette, morte jeune, Henri, Jeanne, mariée, en 1894, au baron Marc d'Alès, dont : Guy d'Alès, Jacques et Robert de Saint-Trivier ;

    bg. Samuel, baron de Saint-Trivier, mariée, en 1867, à Azélie de la Croix-Laval, dont : Louis, Amicie, morte, en 1894, à 24 ans, Aurèle, prêtre, Thérèse et Antoine de Saint-Trivier ;

    bh. Antoine de Saint-Trivier, mort jeune.

31. ANTOINE DE LA CROIX-LAVAL eut de JEANNE-MARIE-ELISABETH PIGET :

    aa. Azélie de la Croix-Laval, morte, en 1832, mariée, en 1822, à Charles Vire du Liron de Montivers, officier aux Gardes de Monsieur (Charles X), mort en 1830, dont :

ba. Amicie de Montivers, mariée, en 1841, à Louis de la Croix-
Laval ; leur postérité se voit aux numéros 30 et 34 ;

bb. Aurélie de Montivers, morte en 1826.

32. ANTOINE DE LA CROIX-LAVAL eut de VICTORINE DONIN DE
ROSIÈRE ;

aa. Valérie de la Croix-Laval, morte en 1866, mariée, en 1841, à
Armand de Vincens, marquis de Causans, dont :

ba. Blanche de Causans, morte en 1877, mariée, en 1862, à Raphaël
de Pavin de la Farge, dont :

ca. Léon de la Farge ;

cb. Edouard de la Farge ;

cc. Emmanuel de la Farge ;

cd. Valérie de la Farge, mariée, en 1887, à Henri Albanel ;

ce. Louise de la Farge, mariée, en 1886, au vicomte Jean de la
Guéronnière, marquis de Joviac ;

cf. Marie-Thérèse de la Farge, mariée, en 1890, au baron Henri
de Barrin ;

cg. Laure de la Farge, carmélite ;

ch. Paule de la Farge, carmélite ;

bb. Geneviève de Causans, morte en 1897, mariée, en 1862, à Octave
Charre de la Valette, dont : Régis, Joseph, Joséphine de la Valette ;

bc. Marie de Causans, carmélite, morte en 1894 ;

bd. Berthe de Causans, carmélite, morte en 1882 ;

be. Ubaldine de Causans, mariée, en 1875, à N., baron Piétri, dont
postérité ;

21

bf. Vincent, comte de Causans, marié, en 1876, à Pauline Richond, dont : Henri, Jacques et Marie de Causans ;

bg. Régis, vicomte de Causans, mort en 1888, marié, en 1878, à Henriette Sain de Vauxonne, morte en 1880, dont : Armande et Vincent de Causans ;

bh. Emmanuel de Causans, mort jeune.

ab. Léon, comte de la Croix-Laval, marié d'abord, en 1849, à Ubaldine Bellet de Tavernost de Saint-Trivier, sans postérité ; puis, en 1853, à Louise Hubert de Saint-Didier, morte en 1881, dont :

ba. Thérèse de la Croix-Laval, morte en 1877, mariée, en 1875, au vicomte Caliste de Becdelièvre, dont : Louis de Becdelièvre ;

bb. Marie de la Croix-Laval, religieuse du Cénacle ;

bc. Antoine, vicomte de la Croix-Laval, marié, en 1885, à Malcy Clary, dont : Louise, Marie, Jean, Béatrix, Armand, François et Thérèse de la Croix-Laval.

33. VALENTINE DE LA CROIX-LAVAL a eu D'ALFRED DES CHAMPS DE LA VILLENEUVE : Arthur, marié, en 1862, à Ephée Mac-Gukin de Slane, et Marie de la Villeneuve.

34. LOUIS DE LA CROIX-LAVAL a eu D'AMICIE VIRE DU LIRON DE MONTIVERS :

aa. Jeanne de la Croix-Laval ;

ab. Eugène de la Croix-Laval, mort jeune ;

ac. Azélie de la Croix-Laval, mariée, en 1867, à Samuel Bellet de Tavernost, baron de Saint-Trivier ; leur postérité se trouve au n° 30 ;

ad. Rémy, comte de la Croix-Laval, marié, en 1877, à Cécile de Noailles, dont : Alfred, Jean, mort jeune, Maurice, Alexis et Madeleine de la Croix-Laval.

35. Hiérome de MURARD eut de Marguerite BAUDON :

aa. François de Murard, seigneur de Bélignieu, conseiller au Parlement de Paris, mort en 1730, marié à Marie-Marguerite Boyetet, dont :

  ba. Alexandre-François de Murard, baron de Bulon, président au Parlement de Paris, en 1758, marié à Anne-Florence de Brétignières, dont :

    ca. Hélène-Françoise de Murard, mariée, en 1767, à Jacques de Serre de Saint-Roman, comte de Fréjeville, conseiller au Parlement de Paris, victime de la Révolution, dont :

      da. Alexis-Jacques de Serre, comte de Saint-Roman, chevalier de Saint-Louis, marié, en 1794, à Marie-Mélanie Le Rebours, dont :

        ea. Sidonie de Serre de Saint-Roman, mariée à Anatole-Joseph-Philippe, comte de Reilhac ;

        eb. Geneviève-Gézeline de Serre de Saint-Roman, mariée à Léon, marquis de Barbançois ;

        ec. Amicie de Serre de Saint-Roman, mariée, en 1831, à Jacques-Raymond de Serre de Saint-Roman ;

  bb. Bonne-Marie de Murard, morte, en 1746, mariée à Jean-Dominique Cassini, seigneur de Thury, maître en la Chambre des Comptes de Paris, dont :

    ca. Marie-Bonne Cassini, sans doute femme de N. Alberti de Chevreuse.

ab. Marthe de Murard, mariée à Nicolas Le Féron, seigneur de Louvres, capitaine au régiment de Conti.

36. Anne de MURARD eut de Guillaume-Antoine de MONTOLIVET :

aa. Catherine de Montolivet, morte en 1831, mariée à Jacques-

Guillaume d'Orlier, marquis de Saint-Innocent, mort en 1847, à 100 ans, dont :

ba. Jules, marquis de Saint-Innocent, marié, en 1813, à Marie-Julie de Ferrus, dont :

    ca. Léon, marquis de Saint-Innocent, marié, en 1840, à Laure du Breul de Sainte-Croix, dont :

        da. Adolphe, marquis de Saint-Innocent, marié, en 1871, à Léa Loppin de Montmort, dont : Odette et Eliane de Saint-Innocent ;

        db. Gabriel, comte de Saint-Innocent, marié, en 1873, à Délie de Scey de Brun, dont : Jean, Hubert et Germaine de Saint-Innocent ;

        dc. Sosthène de Saint-Innocent, mort célibataire ;

        dd. Fénella de Saint-Innocent, mariée, en 1866, à Amédée de la Barge de Certeau, marquis d'Ozenay ; leur postérité se trouve au n° 19 ;

        de. Marie de Saint-Innocent, mariée, en 1869, à Paul-Antoine-Simon de Mullot de Villenaut, mort en 1874, dont : Gabriel, Jeanne, mariée, en 1895, au vicomte Alfred de Buyer-Mimeure, Yolande de Villenaut.

ab. Jean de Montolivet, baron de Gourdans, marié, en 1751, à Jeanne-Rose Vialis, dont :

    ba. Barthélemy de Montolivet, baron de Gourdans, vivant en 1789.

37. ROSE-JÉROSIME DE MURARD eut de JEAN-BAPTISTE BONA DE PERREX :

aa. Jean-Baptiste Bona de Perrex, maître en la Chambre des Comptes de Bourgogne, victime de la Révolution, marié à N. Trollier de Fétan, sans postérité ;

ab. Barthélemy-Marie Bona de Perrex, lieutenant-colonel de dragons, chevalier de Saint-Louis, marié à Sibille-Pauline Trollier de Fontcrenne, dont :

   ba. Félicie de Perrex, morte en 1832, mariée, en 1817, à Barthélemy-Noé Dervieu, baron de Varey, mort en 1859, dont :

      ca. Charles, baron de Varey, marié, en 1857, à Marie-Cécile de Champs de Saint-Léger, dont : Jean de Varey, mort sans alliance ;

      cb. Paul de Varey, mort célibataire ;

      cc. Pauline de Varey, morte en 1893, mariée, en 1844, à Charles du Tour, marquis de Salvert-Bellenave, mort en 1895, dont : Etienne, Henri, marié d'abord, en 1885, à Yvonne de Biliotti, morte en 1887, puis, en 1894, à Elisabeth de Jessé-Levas ; Marguerite, mariée, en 1876, au comte Olivier de l'Estoile, mort en 1897 ; Marie de Salvert, mariée, en 1888, à Hubert, marquis de Vergennes ;

ac. François-Marie-Bona de Chavagneux, marié à Marie-Madeleine-Emilie Jaccoud, morte, en 1848, sans postérité ;

ad. Jeanne-Guillelmine Bona de Perrex, mariée, en 1780, à Jean-Mathieu Béraud de Resseins, officier au régiment de Picardie, dont :

   ba. Charles-Marie-César-Jérôme, comte de Resseins, capitaine de chevau-légers de la garde du Roi en 1814, marié d'abord, en 1808, à Antoinette-Angèle de Préville, puis, en 1819, à Anne-Gabrielle-Sidonie Chesnard de Vinzelles ; il fut père de :

      ca. Jeanne-Charlotte de Resseins, mariée, en 1838, à Claude-Marie-Jules, baron Jobard du Mesnil de Marigny, dont :

         da. N. du Mesnil de Marigny, mariée à N., marquis d'Angerville, dont postérité :

      cb. Ferdinand-Charles, comte de Resseins, mort, en 1893, sans postérité de son mariage avec N. Pélissier.

38. BENOIT DE MURARD eut de CLAUDINE-MARGUERITE CHIQUET DE BRESSE :

aa. Adolphe, comte de Murard, mort en 1891, marié, en 1839, à Joséphine de Romanet de L'Estrange, dont :

    ba. Marc de Murard, mort à 17 ans ;

    bb. Blanche de Murard, mariée, en 1863, au comte Albert de Monteynard, dont : Robert, Guillaume et Marie, morts jeunes, Gabrielle de Monteynard ;

    bc. Gabrielle de Murard, mariée, en 1885, au comte Henri de Chabannes, dont : Pierre, Marie, Germaine et Catherine de Chabannes.

ab. Gustave de Murard, mort célibataire, en 1843 ;

ac. Victor, comte de Murard, mort en 1882, marié, en 1836, à Alix Patissier de la Forestille de Saint-Léger, morte en 1888, dont :

    ba. Pons de Murard, mort âgé de 26 ans, en 1864 ;

    bb. Marthe de Murard, morte à l'âge de 14 ans, en 1854 :

    bc. Henri, comte de Murard, marié, en 1872, à Antoinette de Pérusse des Cars, dont : Pierre, Guillaume, François, mort jeune, Louis et Isabelle de Murard ;

ad. Clady de Murard, morte à 20 ans environ, des suites d'un accident.

39. ALEXANDRE DE MURARD eut d'ANNE-ZOÉ TERRASSE D'YVOURS.

aa. Hippolyte de Murard, mort en bas-âge ;

ab. Marie-Rose de Murard, née en 1812, morte de même ;

ac. Eugénie de Murard, née en 1806, mariée d'abord, en 1828, à Séraphin-Augustin-Claude, comte de la Baume-Pluvinel, garde du corps du Roi, puis, en 1851, à Abel-Jean-Louis de Choin de Montchoisy, enfin, à N. Meyer, elle eut de sa première union :

ba. Irène de la Baume-Pluvinel, née en 1828, mariée, en 1848, à Robert Monnier de Savignac, dont postérité ;

bb. Edith de la Baume-Pluvinel, née en 1830, mariée, en 1850, à Alphonse, vicomte du Peloux, dont postérité ;

bc. Zoé de la Baume-Pluvinel, morte non mariée.

ad. Mélitie de Murard, mariée au comte Hippolyte de Tournon-Simiane, dont : Marie et Marguerite, mortes non mariées, Just comte de Tournon, marié, en 1876, à N. de Villegas de Saint-Pierre, dont une fille, Camille de Tournon ;

ae. Anatole de Murard, mort en 1862, marié, en 1842, à Marie de Montluzin de Gerland, morte en 1897, dont : Maurice de Murard, mort à 26 ans environ.

40. GABRIELLE MOGNIAT eut de JOACHIM CHARRET :

aa. Marie-Françoise-Paule Charret, mariée, en 1738, à François Rieussec, échevin de Lyon, dont :

ba. Pierre-François Rieussec, magistrat, mort en 1826, marié, en 1776, à Anne-Thérèse-Françoise-Sophie de Vaulx de Croze, dont :

ca. Louis-Etienne-Antoine Rieussec, officier d'artillerie de marine, marié, à Sabine-Marguerite-Pierrette-Bathilde de Vaulx, dont :

da. Anne-Françoise-Elisa Rieussec, mariée, en 1843, à François-Justinien-Eugène Rieussec ;

db. Marie-Marguerite-Pierrette-Bathilde Rieussec, mariée d'abord à N. Mante, puis à N. N. ;

cb. Justinien-François-Paul Rieussec, magistrat, mort en 1848, marié à Marie-Françoise Benon, dont :

da. François-Justinien-Eugène Rieussec, magistrat, marié, en 1843, à Anne-Françoise-Elisa Rieussec, dont postérité ;

bb. Joseph-François Rieussec du Noyer, né en 1748, officier d'artillerie ;

ab. Louise-Magdelaine Charret, mariée, en 1746, à Joseph de Vaulx de Croze, avocat général au Parlement de Dauphiné, dont :

ba. Anne-Thérèse-Françoise-Sophie de Vaulx de Croze, femme de Pierre-François Rieussec.

41. Ennemond-Pierre-Joachim MOGNIAT de LIERGUES eut de Marie-Michelle TESTEL :

aa. François-Marie-Ennemond Mogniat de Liergues, mort en 1831, marié à Elisabeth-Emilie des Rioux de Messimy, morte en 1829, sans postérité ;

ab. Marie Mogniat de Liergues, célibataire, vivant en 1831.

42. Louise-Madeleine MOGNIAT de L'ECLUSE eut de Jean-Baptiste D'ESPINAY de LAYE :

aa. Pierre-Marie, marquis d'Espinay de Lay, colonel, chevalier de Saint-Louis, né en 1764, marié à N. de Regnauld de Parcieu, sans postérité ;

ab. N. d'Espinay de Laye, femme de N. Dervieu de Vilieu, sans postérité ;

ac. N. d'Espinay de Laye, mariée à Louis-Ferdinand Le Roy de la Tournelle, officier en 1788, dont :

ba. Adrien Le Roy de la Tournelle, magistrat, mort en 1860, marié à N. de Rohault de Fleury, dont :

ca. Blanche de la Tournelle, mariée à Adolphe de Sablon du Corail, dont:

da. Elisabeth du Corail, mariée, en 1880, au comte Edouard de Roquefeuil, dont postérité ;

cb. Adrien, baron de la Tournelle, d'abord marié à Marie-Joséphine Clary, dont : Nicolas de la Tournelle, marié, en 1896, à N. de Turenne d'Aynac, et remarié à N. Meinell ;

ad. Anne-Victoire d'Espinay de Laye, mariée à Louis Archambaud, comte de Douglas, dont :

ba. Charles-Joseph-Marie, comte de Douglas, marié à Joséphine du Molard, dont :

ca. Louis Archambaud, comte de Douglas, marié à Pauline Gamon de Montval, dont :

da. Georges de Douglas, tué pendant la guerre de 1870 ;

db. Jacques, comte de Douglas, marié à N. de Paroy, dont : Georges, Renée, Ollivier, Jean et Robert de Douglas ;

dc. Marguerite de Douglas, mariée au vicomte Auguste de Sallmard, dont : Charles, vicomte de Sallmard, marié, en 1892, à Louise de Tardy de Montravel, Louis, Antoinette, religieuse du Sacré-Cœur, Jacques, Pierre et Aimée de Sallmard ;

cb. Charles de Douglas ;

cc. Anne-Marie de Douglas, mariée à Louis-François-Gabriel-Ange de Chabanassis de Marnas, conseiller d'Etat, dont :

da. Paul de Marnas, mort pendant la guerre de 1870 ;

db. Anne-Marie-Adélaïde-Blanche de Marnas, morte en 1880, mariée à Raymond, vicomte de Lescure, sans postérité.

43. HENRIETTE MOGNIAT DE L'ECLUSE eut d'HENRY-OSWALD-GABRIEL HENRYS D'AUBIGNY :

aa. Oswald d'Aubigny, mort célibataire ;

22

ab. Hector, marquis d'Aubigny, mort en 1874, marié, en 1837, à Louise-Joséphine de Sayn-Witgenstein-Berlebourg, morte en 1852, dont :

    ba. Mathilde d'Aubigny, mariée, en 1858, à Henri de Seguins, marquis de Pazzis, dont : Paul, René, Madeleine, mariée, en 1889, à René de Larminat, Blanche de Pazzis ;

    bb. Edgar, marquis d'Aubigny, marié, en 1873, à Alice de Witte ;

    bc. Ludovic, comte d'Aubigny, marié, en 1878, à Euphrasie Guyñemer ;

ac. Gaston, comte d'Aubigny, mort en 1888, marié, en 1845, à Geneviève-Joséphine-Nelly de Reynaud de Villeverd, morte en 1891, dont :

    ba. Raymond, comte d'Aubigny, mort à 35 ans ;

    bb. Paul, comte d'Aubigny ;

    bc. Amaury, comte d'Aubigny, marié, en 1885, à Gabrielle Goury, dont postérité ;

    bd. Henry, comte d'Aubigny, marié, en 1891, à Anna de Kuÿper ;

    be. Ennemond d'Aubigny, mort jeune ;

ad. Louis, comte d'Aubigny d'Esmyards, mort en 1888, marié d'abord à Adèle Claret de Fleurieu, sans postérité, puis, en 1856, à Blanche Goupil de Beauval, dont :

    ba. Ferdinand, comte d'Aubigny d'Esmyards, marié, en 1886, à Anna de Ranst de Saint-Brisson, dont postérité ;

    bb. Roger, vicomte d'Aubigny d'Esmyards, marié, en 1889, à Marie Claret de Fleurieu, dont postérité.

44. ANTOINETTE DE VIDAUD DE LA TOUR eut de FRANÇOIS DE LA CROIX DE CHEVRIÈRES :

    aa. Jean-Dominique de la Croix de Chevrières, comte de Sayve, marquis d'Ornacieux, président au Parlement de Grenoble, mort en 1740, marié à Marie-Anne de la Poype de Saint-Jullin de Grammont, dont :

ba. Artus-Joseph de Sayve, marquis d'Ornacieux, président au même Parlement, mort en 1800, marié à Anne Pupil de Myens, dont :

  ca. Joseph-Artus-Barthélemy, marquis de Sayve et d'Ornacieux, président au même Parlement, mort en 1821, marié, en 1781, à Adélaïde-Rose-Victoire d'Hervilly, dont :

    da. Jules, marquis de Sayve, chef d'escadron, mort en 1873, marié, en 1815, à Célestine de Cauvigny, dont :

      ea. Artus, marquis de Sayve, ministre plénipotentiaire, marié, en 1860, à Jeanne de Margeot, dont :

        fa. Jacques, comte de Sayve, marié, en 1889, à Jeanne de Saint-George ;

        fb. Jean, vicomte de Sayve ;

      eb. Cécile de Sayve, mariée, en 1840, au comte Louis du Couédic de Kergoualer, dont :

        fa. Arthus, comte du Couédic, marié, en 1877, à Marie de Villiers ;

        fb. Marie du Couédic, mariée, en 1866, au comte de Meeüs ;

        fc. Elisabeth du Couédic ;

        fd. Hortense du Couédic, religieuse du Sacré-Cœur ;

      ec. Julienne de Sayve, mariée, en 1843, au baron Snoy, mort en 1844, dont :

        fa. Georges, baron Snoy, marié, en 1871, à Alix du Chastel de la Howardries .

        Elle s'est remariée, en 1850, au comte Louis de Robiano, mort en 1892, dont :

        fb. Xavier de Robiano, carme ;

fc. Stanislas, comte de Robiano, marié, en 1893, à Lucie
de Jonghe d'Ardoye ;

ed. Claire de Sayve, morte en 1894, mariée, en 1844, au
baron Charles Snoy, dont :

    fa. Raoul, baron Snoy, marié, en 1874 à Eugénie de
Biemme ;

    fb. Maurice, baron Snoy, marié, en 1875, à Hélène de
Woelmont ;

ee. Alix de Sayve, morte en 1876 ;

ef. Marie de Sayve, morte en 1861, mariée, en 1850, au
comte Durey de Noinville, mort en 1895, dont :

    fa. Christian, comte de Noinville, marié, en 1881, à Eve
Subtil de Franqueville ;

    fb. Alix de Noinville, mariée, en 1880, à Octave de Saint-
Albin ;

    fc. Marie de Noinville, mariée, en 1883, à Joseph des
Francs ;

db. Auguste, comte de Sayve, officier de cavalerie, mort en
1855 ; marié, en 1824, à Louise du Hamel, dont :

    ea. Juliette de Sayve, mariée, en 1856, au comte de Germiny,
mort en 1868, dont :

        fa. Charles, comte de Germiny ;

    eb. Félicie de Sayve, morte en 1892, mariée, en 1847, à
Jules, marquis d'Aoust, mort en 1885, dont :

        fa. Hélène d'Aoust, mariée, en 1871, au marquis de
Robin de Barbentane ;

    ec. Félix, comte de Sayve, mort en 1865 ;

cb. Mathieu-Antoine de Sayve, chevalier de Malte, en 1778 ;

bb. Gaspard-François de Sayve, chevalier de Malte, bailli de Manosque, en 1775, maître de camp de cavalerie ;

ab. Gabriel de la Croix de Chevrières de Sayve, comte de Marigny, mort abbé ;

ac. Pierre-Félix de la Croix de Chevrières, dit le comte de Sayve, commandant militaire du royaume de Murcie, grand'croix de Saint-Louis, mort en 1755, marié à Déodat de Flodorp, dame d'honneur de la reine d'Espagne, dont deux filles, mariées en Belgique, sans postérité ;

ad. Mathieu de la Croix de Chevrières de Sayve, chevalier de Malte ;

ae. Mathieu de la Croix de Chevrières de Sayve, dit le chevalier d'Ornacieux, capitaine de cavalerie ;

af. Nicolas-Amédée de la Croix de Chevrières de Sayve, dit le chevalier de Marigny, capitaine de cavalerie ;

ag. Gabrielle de la Croix de Chevrières de Sayve, religieuse de la Visitation de Grenoble ;

ah. Anne de la Croix de Chevrières de Sayve, prieure du monastère de Saint-Benoît de Lyon.

45. Antoinette de VIDAUD eut de Louis AYMON de FRANQUIÈRES :

aa. Marie-Anne de Franquières, mariée, en 1748, à Jean-Baptiste de Bressac, seigneur de la Vache, capitaine de cavalerie, chevalier de Saint-Louis, dont :

  ba. Marie-Anne-Laurent-Gabriel de Bressac, seigneur de la Vache, président au Parlement de Grenoble, marié à Henriette-Marie-Gabrielle de Suarez d'Aulan, dont :

    ca. Emilie-Marie-Jeanne-Baptiste-Françoise de Bressac, mariée, en 1809, à Robert-Joseph, comte de Mac-Carthy, maréchal de camp, dont :

      da. Justin-Marie-Laurent, comte de Mac-Carthy ;

bb. Marie-François-Dauphin de Bressac, chevalier de Saint-Louis, capitaine au régiment de Beaujolais infanterie, colonel à Naples, marié, en 1802, à Eulalie de Sucy ;

bc. N. de Bressac, femme d'Hugues Gaultier, marquis de Pusignan, sans postérité ;

bd. Marie-Jeanne de Bressac, morte en 1806, mariée, en 1783, à Charles-François-Joachim de Régis, seigneur de Gâtimel, mort en 1819, titré comte de Régis par Louis XVIII, dont :

> *ca*. Edouard, comte de Régis de Gâtimel, chevalier de la Légion d'honneur, capitaine aux cuirassiers de la Reine, mort en 1871, marié, en 1823, à Angracie de Rovérié de Cabrières, dont :
>
> > *da*. Charles, comte de Régis de Gâtimel, mort en 1865, marié, en 1855, à Apollonie de Cabot de la Fare, dont :
> >
> > > *ea*. Georges, comte de Régis de Gâtimel, marié, en 1888, à Marie-Henriette de Berlier-Tourtour, dont : Marthe, Madeleine et Marie-Thérèse de Régis.

46. Jean-Jacques de VIDAUD DE LA TOUR eut de Marie-Joséphine-Louise-Sophie de CAMBIS :

aa. Gabriel de Vidaud, comte de la Bâtie, marquis de Velleron, mort en 1834, marié, en 1798, à Louise-Gabrielle-Françoise de Planelli-Mascranny de la Valette, dont :

ba. Gabrielle-Lucrèce-Zoé de Vidaud, morte en 1844, mariée, en 1819, à Eugène, marquis de Chabannes du Verger, colonel aux gardes du corps sous Louis XVIII et Charles X, mort en 1877, dont :

> *ca*. Marie de Chabannes, morte en 1846, mariée, en 1840, à Antoine-Théodore, marquis du Prat, sans postérité ;
>
> *cb*. Gilbert, comte de Chabannes, mort célibataire ;

cc. Edme de Chabannes, mort pendant la guerre de Crimée ;

cd. Gabrielle de Chabannes, non mariée ;

ce. Amable, marquis de Chabannes, marié, en 1857, à Marguerite de Bourbon-Busset, morte en 1870, dont :

    da. Eugène, marquis de Chabannes, marié, en 1881, à Pauline Langlois de Chevry ;

    db. Joseph, comte de Chabannes, marié, en 1892, à Claire de Bourdeille ;

    dc. Marie de Chabannes ;

  cf. Francisque, comte de Chabannes, mort sans postérité.

  bb. Joséphine-Louise de Vidaud, religieuse du Sacré-Cœur, morte en 1879.

47. MADELEINE-FRANÇOISE DE VIDAUD eut de FRANÇOIS DE GALLIEN DE CHABONS :

aa. Jean-Pierre de Chabons, évêque d'Amiens en 1822, aumônier du comte d'Artois, premier aumônier de la duchesse de Berry, pair de France ;

ab. N. de Chabons, chanoinesse ;

ac. Marthe de Chabons, mariée à Achille Gély de Montcla, officier aux gardes du corps de Louis XVI, dont :

  ba. Marie-Françoise-Catherine-Adèle de Montcla, morte en 1868, mariée en 1810, à Charles-Scipion, comte de Vallier de By, sans postérité ;

ad. N., vicomte de Chabons, marié à N. de Lamouroux, dont :

  ba. N. de Chabons, femme de N. de Caunella, sans postérité ;

  bb. Adélaïde-Mathilde-Lammercy de Chabons, mariée à son cousin Augustin, baron de Ponnat (v. note 50) ;

ae. Jean-Jacques, comte de Chabons, marié à N. de Marnais, dont :

ba. Madeleine-Françoise de Chabons, femme de Joseph-Armand-Gaspard-Vincent-de-Paul de Sibeud de Saint-Ferriol, mort en 1857, dont :

  ca. Jacques-Louis-Xavier, comte de Saint-Ferriol, marié à Caroline-Rhingarde-Marie de Montboissier-Canillac, dont :

    da. Gabriel, comte de Saint-Ferriol ;

    db. Elisabeth de Saint-Ferriol, mariée au comte de Béjarry ;

    dc. Jeanne de Saint-Ferriol, mariée au comte de Martel ;

    dd. Louise de Saint-Ferriol, mariée, en 1894, à Paul Bernard, comte de la Vernette-Saint-Maurice ;

  cb. Gabriel de Saint-Ferriol, missionnaire jésuite, mort en 1847 ;

  cc. Maxime de Saint-Ferriol, secrétaire d'ambassade, mort en 1846 ;

  cd. Emmanuel de Saint-Ferriol, secrétaire d'ambassade ;

  ce. Joséphine de Saint-Ferriol, religieuse du Sacré-Cœur, morte en 1858 ;

bb. Paul, comte de Chabons, marié à Zénaïde de Pourroy de Quinsonnas, dont :

  ca. Adelphe, comte de Chabons, marié, en 1862, à Claire de Blonay, dont :

    da. Gabriel de Chabons, prêtre ;

    db. Henriette de Chabons, mariée en 1888, à Eugène Mareschal de Longeville, comte de la Rodde, dont : Paul et Gabriel de Longeville ;

  cb. Emilie de Chabons, mariée, en 1852, à Paul-Charles, comte de Monteynard-Monfrin, dont :

    da. Eynard, comte de Monteynard, marié, en 1884, à Marie-Thérèse Dujon ;

db. Bathilde de Monteynard, religieuse du Sacré-Cœur ;

dc. Alix de Monteynard, religieuse du Sacré-Cœur ;

dd. Gabrielle de Monteynard, religieuse du Sacré-Cœur ;

de. Elisabeth de Monteynard, mariée, en 1886, à Fernand de Montal.

48. MARIE-NICOLE DE VIDAUD eut de GABRIEL DE SAUTEREAU :

aa. Gabrielle de Sautereau, morte en 1829, mariée, d'abord, en 1795, à Benoît Hubert de Saint-Didier, dont :

ba. François de Saint-Didier, marié à Anna Badin, dont :

ca. Louise de Saint-Didier, mariée au comte Léon de la Croix-Laval (v. note 32).

Gabrielle de Sautereau se remaria, en 1803, à Catherin-Victor de Chossat de Montessuy, officier de cavalerie, mort en 1846, dont :

bb. Charles de Montessuy, marié à N. N., dont postérité ;

bc. Gabriel de Montessuy, mort en 1882, marié à Marie-Claudine de Varenne de Fenille, dont :

ca. Zoé de Montessuy, mariée, en 1857, à Paul Morellet, dont postérité ;

cb. Marie de Montessuy, mariée, en 1866, à Antoine-Joseph-Victor Lacombe, mort en 1882, dont postérité ;

bd. Hélène de Montessuy, mariée à Henri Barbat du Clozel, magistrat mort, en 1871, dont :

ca. Madeleine du Clozel, mariée, en 1854, à Edmond de Sablon du Corail, mort en 1870, dont :

da. Hélène du Corail, mariée, en 1883, à Amédée de Surrel de Saint-Julien, marquis de Saint-Haond, dont postérité ;

db. Yvonne du Corail, mariée, en 1883, à Louis-Marie-Rolland, vicomte du Roscoat, dont postérité ;

cb. Roger du Clozel, marié, en 1870, à Marguerite de Larminat, dont : Marie, mariée, en 1896, à Octave de Boulois, Louise et Germaine du Clozel.

49. Marie-Charlotte de VIDAUD eut de Jacques-Joseph de GUYON de GEIS de PAMPELLONNE :

aa. Henri, baron de Pampellonne, marié, en 1809, à Ernestine d'Agoult, dont :

ba. Jean-Joseph, baron de Pampellonne, mort en 1879, marié, en 1841, à sa cousine germaine Louise Mabile d'Agoult, dont :

    ca. Ernestine de Pampellonne, mariée, vers 1871, à Henri du Trémolet de la Cheysserie, mort en 1886 ;

    cb. Stéphanie de Pampellonne, mariée, vers 1877, au comte Gabriel de Grille, dont postérité ;

bb. Victor, baron de Pampellonne, mort en 1881, marié, en 1848, à Biliane d'Indy, morte en 1896, dont :

    ca. Edmond, baron de Pampellonne, marié, en 1882, à Gabrielle de Raousset-Boulbon ;

    cb. Roger de Pampellonne, mort en 1884, marié, en 1880, à Marie de Murat de Murinais ;

    cc. Henri de Pampellonne, marié, en 1882, à Renée de Sainte-Suzanne ;

    cd. Ernest de Pampellonne ;

    ce. Isabelle de Pampellonne, mariée, en 1874, au baron Vincent d'Indy ;

    cf. Emilie de Pampelonne, mariée, en 1881, au comte Emile de Raousset-Boulbon, dont postérité.

50. GABRIELLE DE VIDAUD eut de JEAN-ANTOINE-ALEXIS DE PONNAT :

aa. Jean-Philippe de Ponnat, né en 1770, mathématicien distingué ;

ab. Jean-Augustin, baron de Ponnat, né en 1774, marié à sa cousine Adélaïde-Mathilde-Lammercy de Gallien de Chabons, morte en 1876, dont :

  ba. Antoine-Joseph, baron de Ponnat, mort en 1884, marié, en 1839, à Marie-Claudine Voiret de Terzé, dont :

    ca. Antoine, baron de Ponnat, marié à Sidonie Berger du Sablon, dont : Henri, marié, en 1893, à Charlotte de Boutechoux de Chavannes, Gabriel, Louis, Joséphine, religieuse du Sacré-Cœur, Marie-Antoinette de Ponnat ;

    cb. Marie de Ponnat, mariée, en 1869, à Joseph de Garnier des Garets, mort en 1884, dont : Francisque et Antoine des Garets ;

    cc. Joséphine de Ponnat, religieuse du Sacré-Cœur.

51. MARIE ROBIN eut de PIERRE BERTHAUD DE LA VAURE :

aa. Claude Berthaud de Taluyers, conseiller au Conseil supérieur de Lyon, marié à Marie Fulchiron, dont :

  ba. Pierre-Marie de Taluyers, officier à l'armée de Condé, marié à Bénigne-Anthelmette Passerat de la Chapelle, morte en 1857, dont :

    ca. Louise de Taluyers, morte, en 1896, mariée, en 1837, à Ernest de Besson des Blains, mort en 1880.

  bb. Zoé de Taluyers, mariée, en 1807, à Jean-Louis-Marie de Boissieu, dont :

    ca. Alphonse de Boissieu, mort en 1886, marié, en 1833, à Virginie Boulard de Gatellier, dont :

da. Amédée de Boissieu, marié en 1870, à Gabrielle Fréteau de Pény, dont : Henri de Boissieu, marié, en 1895, à Alix Costa de Beauregard ;

db. Gustave de Boissieu, tué pendant la guerre de 1870 ;

cb. Gabrielle de Boissieu, morte en 1864, mariée en 1833, à Ennemond de Nolhac, mort en 1864, sans postérité ;

cc. Fanny de Boissieu, présidente de plusieurs bonnes œuvres à Lyon, morte en 1893 ;

cd. Claudius-Roch de Boissieu, mort en 1880, marié, en 1834, à Louise-Marie Dugas, dont :

da. Louis de Boissieu, marié, en 1863, à Blanche de Fontenay ;

db. Victor de Boissieu, marié, en 1865 à Antoinette Dugas, dont : Jacques, marié, en 1896, à Louise Dugas du Villard, Jean, ecclésiastique, Louise, religieuse du Sacré-Cœur, Marie, Joseph, jésuite, François, Amélie et Marguerite-Marie de Boissieu ;

dc. Henri de Boissieu, marié, en 1868, à Marie Dean de Luigné, dont : Marie-Elisabeth, René, Jeanne, Marie-Thérèse, Gabrielle, Marie-Antoinette, Michel, Henri et Félicie de Boissieu ;

dd. Maurice de Boissieu, marié, en 1872, à Hélène Thiollière de l'Isle, dont : Marguerite, Thérèse et Magdeleine de Boissieu ;

de. Emma de Boissieu, non mariée ;

df. Fanny de Boissieu, mariée, en 1859, à Paul Passerat de la Chapelle, mort en 1886, dont : Joseph, marié en 1893, à Hélène Munet, Marie, Jeanne et Françoise de la Chapelle, religieuses du Cénacle ;

dg. Marie-Antoinette de Boissieu, morte en 1872, mariée en 1865, à Ernest Passerat de la Chapelle, dont : Jean, marié, en 1893, à

Marie de Richard d'Ivry, morte en 1896, Henri, mariste, Emma, mariée, en 1893, à André de Parseval, Louise religieuse du Sacré-Cœur, Marguerite et Thérèse de la Chapelle, religieuses du Cénacle ;

ab. Philippe-François Berthaud du Coin, conseiller au Siège présidial de Lyon, marié, en 1775, à Marie-Barbe Ballant d'Arnas, dont :

ba. Sybille du Coin, morte en 1850, mariée à N. Roux de la Plagne, dont :

ca. Amédée de la Plagne, mort en 1866, marié à Marie-Emma Henri de Bellevue, morte en 1889, dont :

da. Théobald de la Plagne, marié, en 1865, à Marie de Martinel, dont : Amédée, Gustave, Jeanne, mariée, en 1892, au vicomte Alfred Palluat de Besset, Inès, Camille et Edmée de la Plagne ;

db. Camille de la Plagne, mort en 1859, pendant la guerre d'Italie ;

dc. Amaury de la Plagne, marié, en 1879, à Cécile Riant :

dd. Marie de la Plagne, mariée au baron Hippolyte de Brosse (v. note 23) ;

de. Valentine de la Plagne, mariée, en 1867, au vicomte Charles de Breuil, dont : Marguerite, mariée, en 1895, au vicomte du Doré, Marie et Renée de Breuil ;

cb. Louis de la Plagne, chanoine de l'église de Lyon, mort en 1868 ;

cc. N. de la Plagne, femme de N. Boyer du Moncel, dont :

da. N. du Moncel, mariée à N. Goulard de Curraize ;

db. Angèle du Moncel, religieuse du Sacré-Cœur ;

dc. Aimée du Moncel, bénédictine ;

dd. Thérèse-Sidonie du Moncel, mariée à N. Denantes, dont :

ea. Thérèse Denantes, mariée à N. Brun, dont postérité ;

eb. Marie Denantes, mariée, en 1866, à Paul Guérin, dont postérité ;

ec. N. Denantes, mariée au vicomte Henri de Chaignon, dont postérité ;

ed. Gabrielle Denantes, mariée à Victor Castilhon ;

ee. Antoinette Denantes ;

ef. Paul Denantes, marié à N. N., dont postérité.

52. MARIE-PIERRETTE ROBIN D'ORLIÉNAS eut de ROCH-MARIE-VITAL FOURGON DE MAISONFORTE :

aa. Catherine de Maisonforte, mariée, en 1786, à Jérôme de Valous, seigneur de la Proty, mort en 1829, dont :

ba. Benoît de Valous, mort en 1854, marié à Marie-Louise-Hélène Rusand, dont :

ca. Camille de Valous, mort en 1895, marié d'abord, en 1855, à Marie-Louise Prénat, morte en 1856, dont :

da. Placidie de Valous, mariée au comte Raoul d'Allard, dont postérité.

Il s'est remarié, en 1858, à ALIX PICOT-LA-BEAUME, dont :

db. Henry de Valous, mort en 1896, marié, en 1889, à Pauline Chavane, dont postérité ;

dc. Paul de Valous, marié, en 1890, à Marthe Lugné de Poë, dont postérité ;

dd. Roger de Valous, marié, en 1894, à Christine Michon de Vougy ;

cb. Vital de Valous, mort en 1883, marié, en 1862, à Jeanne-

Marie-Régine-Laure Roche-Lacombe, morte en 1887, sans postérité ;

cc. Catherine-Placidie de Valous, mariée, en 1846, à Marie-Ambroise-Ernest de la Chenal, comte d'Outrechaise, dont :

   da. N., comte d'Outrechaise ;

   db. N. d'Outrechaise, mariée à N. Loos ;

bb. Vital de Valous, capitaine d'infanterie de marine, marié, en 1833, à Stéphanie Garnier de Miraval, morte, en 1882, sans postérité ;

ab. Françoise de Maisonforte, mariée, en 1790, à François Boulard de Gatellier, conseiller au Parlement de Bourgogne, mort en 1827, dont :

ba. Vital, comte de Gatellier, mort en 1884, marié, en 1822, à Hélène Cellard du Sordet, morte en 1881, dont :

   ca. Esther de Gatellier, morte en 1883, mariée, en 1856, à Francisque Maublanc, baron de Chiseuil, sans postérité ;

   cb. Léon, comte de Gatellier, marié à Marie Agniel de Chénelette (v. note 9) ;

   cc. Gaston de Gatellier, marié, en 1862, à Elisabeth de Vergnette-la-Motte, morte en 1877, sans postérité ;

   cd. Paul de Gatellier, mort en 1879, marié, en 1868, à Marthe de la Rochette, morte en 1895, dont : Pierre, Henri et Jeanne de Gatellier ;

bb. Elisabeth de Gatellier, morte en 1885, mariée, en 1819, à Antoine, baron de Jessé-Levas, dont :

   ca. Noémi de Jessé, mariée, en 1842, à Jean-Gabriel-Ernest, comte de Lescure, dont :

      da. Raoul, comte de Lescure, marié à N. N., dont postérité ;

      db. Raymond, vicomte de Lescure, d'abord marié à Anne-

Marie-Adélaïde-Blanche de Chabanassis de Marnas, sans postérité, puis à Blanche de Rivérieulx de Chambost ;

dc. Henri de Lescure, marié à N. de la Chapelle de Loisy, dont postérité ;

cb. Marie de Jessé, morte en 1878, mariée, en 1847, à Emilien de Surian, dont :

   da. Berthe de Surian, mariée à Henri de Viennot de Vaublanc, dont postérité ;

   db. Jeanne de Surian, mariée au général comte de Jessé-Charleval, dont postérité ;

cc. Caroline de Jessé, mariée en 1852, au comte Emilien de Pourroy de Quinsonnas, dont :

   da. Laurence de Quinsonnas, mariée, en 1885, au comte Raymond de Dalmas ;

   db. Henri, vicomte de Quinsonnas ;

cd.. Virginie de Jessé, mariée, d'abord, en 1863, au comte Irénée de Siffrédy-Mornas, mort en 1866, puis, en 1868, au comte Emmanuel Berger du Sablon ;

ce. Emilien, baron de Jessé, marié, en 1861, à Julie de Bully, dont : Charles, André, Henri, Joseph, Elisabeth, mariée, en 1894, à Henri du Tour de Salvert-Bellenave, Marie de Jessé ;

bc. Octave de Gatellier, qui se noya, en 1835, à l'embouchure de l'Azergues ;

bd. Charles de Gatellier, mort célibataire, en 1876 ;

be. Virginie de Gatellier, mariée, en 1833, à Alphonse de Boissieu (v. note 51) ;

bf. Amédée de Gatellier, mort en 1828, marié, en 1820, à Simonne-Charlotte Bernard.

53. Mathieu AYMARD de MONTVAL eut de Marie-Thérèse de MEAUX :

aa. N. de Montval, mariée d'abord, en 1784, à N. de Vêvre, chevalier de Saint-Louis, puis, en 1789, à N. Bernard de la Vernette du Villard;

ab. N. de Montval, mariée, en 1785, au chevalier de Franclieu.

54. Marie-Charlotte AYMARD de FRANCHELEINS eut d'Antoine-Elisabeth PENET du CHATELARD :

aa. Philibert-Jean-François, comte du Châtelard, mort en 1843, sans postérité de Jeanne-Lucrèce de Raffin de Pommier, morte en 1847;

ab. N. du Châtelard, femme de Cyrille-Simon-Marie Malard de Sermaize, sans postérité;

ac. Marie-Gabrielle-Elisabeth du Châtelard, morte en 1850, mariée à François-Auguste-Barthélemy Simon, comte de la Rochette de Barcelonne, dont :

  ba. Charles, comte de la Rochette, mort en 1868, mariée à Anne-Marie-Silvie de Calonne, dont :

  ca. Gaston, comte de la Rochette, marié, en 1876, à Valentine Loüis, dont : Alfred, Marie et Germaine de la Rochette;

  cb. Alfred, vicomte de la Rochette, marié, en 1871, à Adèle Guérineau;

  cc. Jeanne de la Rochette;

  cd. Marie de la Rochette, mariée, en 1877, au comte Louis de la Forest-Divonne, dont : Anne, Céleste, Lucile, Louise et Thérèse de la Forest.

24

55. Marie BELLET de TAVERNOST eut de Daniel LE VISTE de BRIANDAS :

aa. Louis Le Viste, comte de Montbrian, capitaine au régiment de Boulonnais, chevalier d'honneur au Parlement de Dombes, grand sénéchal de cette principauté, mort victime de la Révolution, marié, en 1755, à Marie-Benoîte-Pierrette du Plessis de la Brosse, dont :

ba. Jacques, comte de Montbrian, mort en 1854, marié à Sabine Mayeuvre de Champvieux, dont :

ca. Charles, comte de Montbrian, mort en 1859, marié à Aimée de Garnier des Garets, morte en 1891, dont :

da. Vincent, comte de Montbrian, marié, en 1893, à Pauline-Marie-Marthe-Inès de Biliotti ;

cb. Gabrielle de Montbrian, morte célibataire en 1874 ;

cc. Suzanne, non mariée, morte en 1883 ;

bb. N. de Montbrian, femme de N., comte de Châteauvieux, sans postérité ;

bc. N. de Montbrian, femme de N. de Villars, sans postérité ;

bd. N. de Montbrian, femme d'Henri de Viennot de Vaublanc, dont :

ca. Charles de Vaublanc, marié à Alice de la Bégassière, dont :

da. Pauline de Vaublanc, marié à Albert de Feu, dont postérité ;

db. Berthe de Vaublanc ;

dc. Henri de Vaublanc, marié à Berthe de Surian, dont postérité ;

cb. Arthur de Vaublanc, mort en 1868, marié à Clémentine de Meynard de Maumont, dont :

da. Raymond de Vaublanc, marié à N. Smith d'Erny ;

db. Roger de Vaublanc, marié à Marie de Fontanges de Couzan ;

dc. Max de Vaublanc, marié à N. de Fontanges ;

dd. Sidonie de Vaublanc, mariée à Jules Brongniart, dont postérité ;

de. Madeleine de Vaublanc, mariée à N. du Rosel de Saint-Germain, dont postérité ;

ab. Pierre-Marie Le Viste de Briandas, capitaine d'artillerie, mort victime de la Révolution ;

ac. François-Marie Le Viste de Briandas, capitaine au régiment de Champagne, mort de même.

56. Françoise-Hyéronime BELLET de TAVERNOST eut de François-Henri BOUSSARD de la CHAPELLE :

aa. Henri de la Chapelle, capitaine de cavalerie, mort en 1864, marié à Henriette-Claire du Pont de Caperoy, morte en 1880, dont :

ba. René, comte de la Chapelle, marié, en 1865, à Cécile de Cassin, dont : Henri de la Chapelle ;

ab. Marie-Judith de la Chapelle, morte en 1864, mariée, en 1800, à Louis Brunet de Monthelie, dont :

ba. Henriette de Monthelie, mariée, en 1822, à Aimé Rivière des Héros, tué, en 1823, pendant la guerre d'Espagne ;

bb. Charlotte de Monthelie, morte en 1885 ;

bc. Suzanne de Monthelie, mariée, en 1852, à Ernest de Curton, mort en 1856, sans postérité ;

bd. Elise de Monthelie, religieuse à l'hôpital de Beaune ;

be. Louis de Monthelie, mort en 1880 ;

bf. Victor de Monthelie, mort en 1890 ;

bg. Eugène de Monthelie, capitaine de frégate, mort en 1864, marié, en 1856, à Pauline Rance de Guiseuil, morte en 1864, dont : Henri de Monthelie, marié, en 1885, à Ludwine Penet de Monterno, dont postérité.

57. Daniel BELLET de TAVERNOST eut d'Alexandrine-Anne GIRAUD de MONTBELLET :

aa. Paul, baron de Tavernost, mort en 1872, marié, en 1845, à Claire Guillon de Loëze, dont :

    ba. Roger, baron de Tavernost, marié, en 1873, à Thérèse Gillet de Valbreuze, morte, en 1892, dans la catastrophe de Saint-Gervais, dont : Caroline, morte de même, Antoinette et Paul de Tavernost ;

    bb. Pierre de Tavernost, marié, en 1878, à Augustine Brunet de Presles ;

    bc. Antoine de Tavernost, marié, en 1880, à Gabrielle de Maupas ;

    bd. André de Tavernost, marié, en 1885, à Marie de Julien de Pégueirolles, dont : Paule, René et Ludovie de Tavernost ;

    be. Abel de Tavernost ;

    bf. Etienne de Tavernost, marié, en 1891, à Hermine de Laurencin-Beaufort, dont : Isabelle, Yvonne et Ludovie de Tavernost ;

ab. Isabelle de Tavernost, mariée, en 1847, à Gabriel Bourlier, baron d'Ailly (v. note 26).

58. François ALBANEL eut de Marie-Anne GRASSOT :

aa. Philibert-Bernard-Augustin Albanel, seigneur de Cessieu, trésorier de France, victime de la Révolution, marié à Anne-Gabrielle Nugues, dont :

ba. Anne-Thérèse Albanel de Cessieu, mariée, en 1763, à Charles-Marie Balme, seigneur de Sainte-Julie.

59. Louis ALBANEL DE SAINT-JORY eut de N. N. :

aa. Louis Albanel de Saint-Jory, prieur de Sainte-Barbe, en Blaisois.

60. Charles ALBANEL DE LA SABLIÈRE eut d'Elisabeth PARENT :

aa. Jean-Charles Albanel de la Sablière, capitaine au régiment de cavalerie d'Escars, marié à N. Constantin ;

ab. Gaspard Albanel de la Sablière, capitaine au régiment des Gardes Françaises, marié, en 1759, à Claudine-Catherine de Calvit.

61. Anne ALBANEL eut de Jean-Baptiste TROLLIER DE MESSIMIEUX :

aa. Jean-François Trollier de Messimieux, seigneur de Fétan, conseiller à la Cour des Monnaies de Lyon, mort en 1814, marié, en 1764, à Marie-Suzanne-Louise Chappuis de Margnolas, dont :

ba. Alphonse de Messimieux, mort en 1839, marié à N. N. dont :

ca. Alexandre de Messimieux, marié, à Louise de Costain, sans postérité ;

cb. Marie-Sophie de Messimieux, morte en 1882, mariée à N. de de Lorme, dont postérité;

bb. Louise-Eléonore Trollier de Fétan, mariée d'abord à Jean-Baptiste Bona de Perrex, maître en la Chambre des comptes de Bourgogne, sans postérité; puis à Marie-Nicolas Crocquet de Béligny, chevalier de Saint-Louis, mort en 1847, dont :

ca. Léonie de Béligny, femme de Joseph-Henri-Eugène de Rivoire de la Bâtie, dont :

da. Louis-Étienne-Gustave de Rivoire de la Bâtie, marié à Marie-Charlotte-Rose-Félicité-Oliva de Fillon, morte en 1880, dont postérité ;

cb. Gaspard de Béligny, marié, en 1842, à Sophie Rambaud, sans postérité ;

cc. Marie-Alphonsine de Béligny, morte en 1871, mariée, en 1825, au comte Alfred de Mirabel de Neyrieu, dont :

da. Paul, comte de Neyrieu, marié, en 1859, à Louise Alexandre de Saint-Balmont, morte en 1868, dont : Jeanne, mariée, en 1889, à Pierre de Bimard, Robert de Neyrieu, marié à Jeanne de Bimard ;

cd. Amicie de Béligny ;

ab. Louis Trollier de Messimieux, victime de la Révolution ;

ac. N. Trollier de Messimieux, religieuse ;

ad. Antoinette Trollier de Fétan, mariée, en 1775, à Bernard de Rivérieulx de Jarlay, sans postérité ;

ae. Claudine-Antoinette Trollier de Messimieux, mariée, en 1760, à Abel-Antoine Clappéron de Millieu, victime de la Révolution, dont :

ba. Abel-Louis de Millieu, garde du corps du Roi, marié à Julie Chovet de la Chance, dont :

ca. Azélie de Millieu, mariée, en 1821, à Alphonse-Robert-Annibal Claret de Fleurieu, lieutenant aux chasseurs à cheval de la Garde Royale, mort en 1847, dont :

da. Ernest, comte de Fleurieu, mort en 1896, marié, en 1853, à Antoinette de Seguins de Pazzis, dont : Xavier, marié, en 1887, à Blanche de Saint-Charles, Paul, marié, en 1889, à Antoinette Sarton du Jonchay ; Camille, Jeanne, morte en 1887, mariée, en 1883, à Arthur, comte de Charmasse ; Henriette, mariée, en 1886, à Raymond Garnier de Falletans, Cécile, visitandine, Gabrielle, mariée, en 1881, à

Pamphile Dryer de la Forte, mort en 1888, Solange, Geneviève, mariée, en 1893, au comte Jean de Fleurieu, Charles de Fleurieu;

db. Léon, comte de Fleurieu, marié, en 1858, à Thérèse de Forton, dont : Maurice, Germaine, mariée, en 1882, à Jean de Martène, Agathe de Fleurieu, mariée, en 1885, à Charles, marquis de Cadolle;

dc. Henri, comte de Fleurieu, marié, en 1865, à Marguerite de Carbonnier de Marzac, morte en 1885, dont : Robert, marié, en 1895, à Marie-Thérèse Doyon, Alphonse et Blanche de Fleurieu ;

dd. Adèle de Fleurieu, morte, en 1849, sans postérité, mariée, en 1848, à Louis Henrys, comte d'Aubigny;

de. Arthur, comte de Fleurieu, marié, en 1870, à Pauline de Galway, morte, en 1888, dont Roger et Edouard de Fleurieu;

df. Edouard, comte de Fleurieu, mort en 1886, marié, en 1863, à Geneviève de la Roche-Nully, dont : Jean, marié à Geneviève de Fleurieu; Henri, Caroline, mariée, en 1883, à Ludovic Copin, vicomte de Miribel, Marie de Fleurieu, mariée, en 1889, au vicomte Roger d'Aubigny d'Esmyards;

dg. Caroline de Fleurieu, morte en 1894, mariée en 1855, à Charles Bissuel de Saint-Victor, dont : Pierre, marié, en 1885, à Clotilde de Partz, Hubert et Etienne, morts jeunes, Gabriel, Jean, marié, en 1897, à Marie de Pelleterat de Borde, Carlo de Saint-Victor, mort jeune ;

dh. Zoé de Fleurieu, mariée, en 1860, à Albert-Alphonse, comte de Colbert-Turgis, dont : Henri, marié, en 1888, à Anne de Paroy, André, Louis, Stanislas et Bernadette de Colbert;

bb. Jeanne-Antoinette-Julie de Millieu, mariée, en 1782, à Nicolas Guillon de Loëze, dont :

ca. Abel-François de Loëze, mort en 1845, marié, en 1817, à Joséphine-Julie Compagnon de la Servette, morte en 1856, dont :

> *da.* Elise de Loëze, mariée à Erasme de la Rue, baron de Champchevrier, dont :
>
>> *ea.* René, baron de Champchevrier, mort en 1869, marié à Marie Laurence, dont un fils ;
>>
>> *eb.* Léon, baron de Champchevrier, marié à Marie de Rochemaure, dont postérité ;
>
> *db.* Claire de Loëze, mariée à Paul Bellet, baron de Tavernost (v. note 57).

62. MARIE DERVIEU eut de GASPARD DE LAURENCIN :

aa. Antoine de Laurencin, capitaine au régiment de la Reine infanterie, marié, en 1723, à Madeleine du Fournel du Breuil, morte en 1755, dont :

> *ba.* Gabrielle-Anne-Catherine de Laurencin, mariée, en 1749, à François Yon de Jonage, capitaine au régiment de Picardie, chevalier de Saint-Louis, dont :
>
>> *ca.* Jean-Philippe, comte de Jonage, marié, en 1788, à Elisabeth de Guayffier, dont :
>>
>>> *da.* Marc-Antoine-César, comte de Jonage, marié à Elisabeth de Bathéon de Vertrieu (v. note 27);

ab. Anne de Laurencin, morte en 1765, mariée, en 1720, à Bernardin de la Mure, seigneur de Magnieu-Hauterive, dont :

> *ba.* Durand de la Mure, seigneur de Magnieu et du Poyet, marié d'abord, en 1758, à Louise-Françoise Dujast, dont :
>
>> *ca.* Marie-Jérônime de la Mure, mariée, en 1778, à Jean-François Pélardy, bailli de la Roue ;

cb. Catherine-Charlotte-Bernardine de la Mure, mariée, en 1787, à Jacques-François Punctis de Cindrieux, conseiller en la Sénéchaussée de Forez, et remariée, en l'an V, à Louis Morillon.

Il eut de Reine -Pierrette-Eléonor de Constant :

ec. Marie-Anne-Régine-Bernardine de la Mure, mariée, en 1803, à Jean-Joseph-Xavier Jourda, vicomte de Vaux de Folletier, chevalier de Saint-Louis, mort en 1857, dont :

    da. Marie-François-Marcellin Jourda, vicomte de Vaux de de Folletier, mort en 1858, marié, en 1843, à Marie-Jeanne-Caroline Gravier de Vergennes, morte en 1859, dont :

        ea. Marie Jourda de Vaux, mariée à Albert de Verdelhan des Molles ;

        eb. Arthur Jourda de Vaux, marié à Marguerite Descours;

        ec. Paul Jourda de Vaux ;

ac. Marguerite-Aurianne de Laurencin, religieuse à Saint-Pierre de Lyon ;

ad. Jean-Philippe-Bonaventure de Laurencin, chanoine baron de Saint-Just ;

ae. Gabriel de Laurencin, chanoine de Saint-Ruf.

63. Anne DERVIEU eut de Jacques du TOUR-VULLIARD :

aa. Jean-Pierre du Tour-Vulliard, chanoine de Saint-Ruf, en 1722 ;

ab. Joseph-Ignace du Tour-Vulliard de Saint-Nizier, sacristain, curé et chanoine de Saint-Paul de Lyon ;

ac. Jacques-Marie du Tour-Vulliard de Saint-Nizier, lieutenant-général au Présidial de Bourg, chancelier de la Souveraineté de Dombes, mort en 1761, marié, en 1722, à Marie Robin, dont :

25

ba. Claude-Marie-Thérèse du Tour-Vulliard de Saint-Nizier, seigneur de Grandchamp, chancelier de la Souveraineté de Dombes, mort en 1791 ;

bb. Marie-Aimée du Tour-Vulliard, morte en 1812, mariée, en 1754, à Marin-Joseph-Jacques-Marie de Tricaud, capitaine au régiment de Lyonnais, chevalier de Saint-Louis, mort en 1788, dont :

   ca. Marie-Jacqueline de Tricaud, morte, en 1839, mariée, en 1786, à Antoine-Marie de Sevré de Préval, chevalier de Saint-Louis, capitaine au régiment de Cambrésis, dont :

   da. Marie-Aimée-Thérèse-Félicie de Sevré de Préval, mariée à Claude-François-Nicolas Siraudin, dont postérité ;

   cb. Jean-Marie de Tricaud, capitaine au régiment Lyonnais, mort, en 1797, marié, en 1796, à Marie-Hiéronime-Amélie Dujast d'Ambérieu, morte en 1861, dont :

   da. Adolphe, comte de Tricaud, mort, en 1872, marié, en 1824, à Adélaïde du Marché, morte, en 1896, dont :

   ea. Léopold, comte de Tricaud, mort en 1885, marié, en 1853, à Gabrielle de l'Estrange ;

   eb. Gustave, comte de Tricaud, mort en 1895, marié, en 1856, à Louise de Vergnette-la-Motte, dont postérité ;

bc. Marie-Philiberte du Tour-Vulliard, mariée à Michel-Antoine-Philibert de Reynold de Sérézin, dont postérité.

64. Jeanne DERVIEU de VILIEU eut de Gilbert ROUSSET de SAINT-ELOY :

aa. Marc Rousset de Saint-Eloy, chevalier de Saint-Louis, capitaine au régiment de Limousin et des forces de Lyon, marié, en 1766, à Jeanne Roustang, dont :

ba. Madeleine-Sophie de Saint-Eloy, mariée, en 1788, à Henri-Joseph, baron de Jessé, capitaine au régiment de Picardie, dont :

ca. Antoine, baron de Jessé-Levas, marié à Elisabeth Boulard de Gatellier (v. note 52);

bb. Marie-Etiennette-Aimée de Saint-Eloy, mariée, en 1790, à Jean-Pierre de la Roue, chevalier de Saint-Louis, capitaine de dragons au régiment de Custine, dont :

ca. Louis de la Roue, marié, en 1824, à Léa d'Agrain, dont :

da. N. de la Roue, mariée à N. Loppin, comte de Montmort, dont : un fils et Léa de Montmort, femme d'Adolphe d'Orlier, marquis de Saint-Innocent (v. note 36);

db. N. de la Roue, mariée à Rostaing, comte de Pracomtal, dont postérité ;

ab. Marie-Françoise-Barthélemie de Saint-Eloy, mariée, en 1754, à Antoine Bérardier de la Chazotte de Grézieu ;

ac. Jean-Jacques de Saint-Eloy, chanoine de Saint-Nizier de Lyon.

65. BARTHÉLEMY-DENIS DERVIEU DE VILIEU eut de MARIE RIGOD :

aa. Marguerite de Vilieu, femme de François de Bérard de Goutefrey, dont :

ba. N. de Goutefrey, mariée à N. Gardon de Calamand, dont :

ca. Joseph de Calamand, marié à N. N., dont : Hélène et Mathilde de Calamand ;

cb. N. de Calamand, mariée à N., comte Vialet de Montbel, dont une nombreuse postérité ;

bb. N. de Goutefrey, mariée à N. de Bovet, dont : Gustave de Bovet;

ab. Aimé-Bon de Vilieu, officier au régiment de Limousin, marié à Jeanne-Marie de Tircuy de Corcelle, dont :

ba. Joseph de Vilieu, marié à Nély Berthier, sans postérité ;

bb. Louise-Thérèse de Vilieu, mariée, en 1823, au comte Charles-Joseph Pacoret de Saint-Bon, dont :

    ca. Albert, comte de Saint-Bon, marié d'abord, en 1867, à Marie-Théodule de Rochon de la Peyrouze de Bonfils, puis, en 1875, à Berthe-Françoise de Soyer ; il a de la première : Albine, Henri, Marie et Théodule de Saint-Bon ;

    cb. Pauline de Saint-Bon, mariée à N. Bourgeois, dont : François, Hélène, Jacques Bourgeois, qui a postérité de Louise Teillard ;

    cc. Mélanie de Saint-Bon, mariée à N. Dumont, dont : Gaëtan et Ferrand Dumont ;

    cd. Françoise de Saint-Bon, mariée à N. Fernex, mort en 1852, dont : Joseph Fernex, qui a des enfants d'Irène Weil, qu'il a épousée en 1879 ;

    ce. Alphonsine de Saint-Bon, mariée, en 1857, à Félix-François-Antoine Despine, dont : Madeleine, Paul, Rita Despine, qui a postérité de Maurice Sautier qu'elle a épousé en 1885 ;

    cf. Joséphine de Saint-Bon, mariée à Antoine Coppier, dont : Joseph, marié à Clotilde Déchelette, Clément, qui a des enfants d'Adèle Defer, Camille Coppier, qui a postérité d'André Salliès ;

  bc. Hélène de Vilieu, mariée à Louis de Reydellet, dont :

    ca. Alexandre de Reydellet, marié à N. de Barral, sans postérité ;

    cb. Clara de Reydellet, mariée à N. de Veyle, dont : René et Joseph de Veyle ;

ac. Pierre-Louis de Vilieu, baron de Loyes ;

ad. Benoîte-Croisette de Vilieu, femme de Pierre Croppet de Varissan, sans postérité ;

ae. Jean-Nicolas Dervieu de Vilieu de Fétan, officier au régiment d'Auxonne artillerie.

66. Marguerite DERVIEU de VILIEU eut de Claude LE CLERC DE SAINT-DENIS :

aa. Barthélemy-Jacques Leclerc de Saint-Denis, conseiller au Parlement de Dijon, assassiné en 1777 par son domestique.

67. Rose PLOTON eut de Lambert GAULTIER :

aa. Marie-Louise Gaultier, mariée à Barthélemy Cizeron, dont :

  ba. Marie-Rose Cizeron, morte en 1769, mariée, en 1757, à Pierre Perrin, seigneur de Bénévent, mousquetaire du Roi, dont :

    ca. Claude-Rose Perrin de Bénévent, officier des cuirassiers du Roi, marié, en 1790, à Benoîte de la Rivolière, dont :

      da. Pierre-Judith Perrin de Bénévent, marié à Marie-Julie Gazanchon de Chavannes, morte en 1880, dont :

        ea. Louis-François-Alfred Perrin de Bénévent, mort en 1882, marié, en 1851, à Claudine-Julienne-Caroline Coumert, morte en 1892 ;

    cb. Marie-Françoise Perrin de Bénévent, mariée, en 1785, à Jean-Michel-Esprit Boutaud, avocat au Parlement de Toulouse.

68. Claudine de QUINSON eut de Thomas FARGET :

aa. Anne-Françoise Farget, mariée, en 1731, à Jean-François Philibert, secrétaire du Roi, seigneur de Fontanès et Clérimbert, dont :

  ba. Etienne-François Philibert de Fontanès, seigneur des mêmes lieux, marié, en 1777, à Barthélemie-Antoinette Châland, dont :

    ca. Léonard de Fontanès, marié d'abord, en 1806, à Antoinette-Magdeleine de la Bauche, puis à Magdeleine-Sophie Gras, morte en 1883, il eut :

da. Claude-Antoine-Louis de Fontanès, mort en 1855, marié, en 1847, à Jeanne-Marie Gourd ;

db. N. de Fontanès, femme de Jean-Pierre Larderet ;

dc. N. de Fontanès, mariée au baron de Miraval ;

bb. Jean-François-Paul Philibert de Fontanès de Trocésar, marié, en 1787, à Antoinette Chancey ;

bc. Claude Philibert de Clérimbert, seigneur dudit lieu, marié, en 1773, à Anne-Catherine Chancey, dont ;

  ca. Claude-Etienne-François Philibert de Clérimbert, marié en 1808, à Louise-François-Adélaïde Laurens du Colombier ;

bd. Elisabeth Philibert de Fontanès du Villars, mariée, en 1786, à Gabriel-Marcellin de Chaballet, lieutenant de Roi à Romans, chevalier de Saint-Louis ;

be. Jeanne-Madeleine Philibert de Clérimbert, mariée, en 1778, à Louis-Emmanuel Athiaud, dont :

  ca. Etienne-François Athiaud, marié, en 1829, à Marie-Amante-Alexandrine Tournilhac, dont :

    da. Jeanne-Madeleine-Anne-Léontine Athiaud, mariée, en 1858, à Charles-François-Amédée de Goy ;

    db. Pierrette-Marie-Claudine-Françoise-Esther Athiaud, mariée, en 1856, à Antoine Morlandot ;

  cb. Claude-Marie Athiaud de Montchervet, capitaine de cuirassiers, marié à Éléonore-Augustine Le Clerc ;

  cc. Denis-Joseph-Jérôme Athiaud, marié à Marguerite-Eléonore du Lignier, dont :

    da. Louis Athiaud, marié à N. Préveraud ;

  cd. Anne-Jeanne-Françoise-Paule Athiaud, mariée, en l'an XI, à Jean-Baptiste Nichante ;

ce. Elisabeth-Gabrielle-Sophie Athiaud, mariée, en 1806, à Antoine
Vidal de Ronat;

cf. Jean-François-Paul-Philibert Athiaud, marié à Claudine Croizier
des Perraux, dont :

    da. Paul-Ernest Athiaud, aumônier du Sacré-Cœur des
    Anglais;

    db. Madeleine-Sabine Athiaud, mariée, en 1847, à Noël-
    Antoine-Rémy Guyot.

69. Marguerite de QUINSON eut de Dominique BIROUSTE :

aa. Roch-Dominique Birouste, chanoine de Saint-Antoine de Lyon ;

ab. Jacques-Raymond Birouste, seigneur de Tourvéon, marié à Marie-
Angélique Pulignieu, dont :

    ba. Jean-Baptiste Birouste de Tourvéon, receveur général des fermes
    à Moulins;

ac. Benoîte Birouste, mariée, en 1738, à Anthelme-Joachim Passerat
de la Chapelle, seigneur d'Espagnier, conseiller d'honneur en la
Cour des Monnaies de Lyon, dont :

    ba. Louis-Dominique de la Chapelle, seigneur d'Espagnier, officier
    au régiment de Béarn infanterie, marié, en 1773, à Marie-
    Catherine-Charlotte Cuzin, dont :

        ca. Alexandre-Jacques de la Chapelle, marié, en 1795, à Marie-
        Catherine Joleaud de Saint-Maurice, dont :

            da. Alexandre-Augustin de la Chapelle, marié, en 1832, à
            Marie-Antoinette Gamet de Saint-Germain, dont :

                ea. Léon de la Chapelle, marié à Marie de Morard d'Arces;

                eb. Marie de la Chapelle, mariée, en 1856, à Augustin de
                Limoge ;

ec. Marie-Adélaïde de la Chapelle, mariée, en 1864, à Marc
    Joleaud de Saint-Maurice ;

cb. N. de la Chapelle, auteur de la branche du Villars ;

bb. Louis-Honoré Passerat de Belmont, lieutenant à Cayenne, marié,
    à N. du Paz de la Marillière ;

ad. Marguerite Birouste, mariée, en 1742, à Pierre Terrasse, seigneur
    d'Yvours, trésorier de France à Lyon, dont :

    ba. Jean-Pierre Terrasse, seigneur d'Yvours, victime de la Révolu-
        tion, en 1794, marié, en 1778, à Anne-Pierrette Quatrefages de
        la Roquette, dont :

        ca. Anne-Zoé Terrasse d'Yvours, marié, en l'an XIII, à Alexandre
            de Murard (v. note 39) ;

        bb. Jean-Marie Terrasse d'Yvours, victime de la Révolution,
            en 1793 ;

        bc. Reymond-Marie-Augustin Terrasse de Chapoly ;

        bd. Louise-Sophie Terrasse d'Yvours, mariée, en 1774, à Pierre-
            Jean-Baptiste de Malordy, capitaine d'artillerie ;

ac. Etienne-Blaise Birouste de Mercuire, capitaine d'infanterie au
    régiment de Boulonnais.

70. BENOITE DE QUINSON eut de JEAN-Marie RAVACHOL :

aa. Claudine Ravachol, religieuse à Sainte-Marie des Chaînes de
    Lyon, en 1753 ;

ab. Françoise Ravachol, religieuse au même monastère ;

ac. Elisabeth Ravachol, religieuse au même monastère ;

ad. Jeanne Ravachol, mariée d'abord à N. Rigod de Terrebasse, puis,
    en 1738, à Camille Dareste, seigneur de Saconay, échevin de Lyon,
    mort en 1764, dont :

ba. Jean-Marie Dareste de Pitaval, essayeur de la Monnaie de Lyon ;

bb. Claude Dareste de Saconay, receveur des impositions royales de Lyon, mort en 1809, marié, en 1765, à Catherine Sirant, morte en 1832, dont :

  ca. Claude-Camille-Pierre Dareste de Saconay, chevalier de Saint-Louis, mort en 1824 ;

  cb. Jean-Baptiste Dareste de Saconay, mort en 1834, chevalier de Saint-Louis, marié à Marie-Joséphine-Louise de Garnier des Garets, morte en 1848, dont :

    da. Marie-Victoire Dareste de Saconay, morte en 1871, mariée, en 1821, à Louis-Alexandre, comte du Peloux de Praron ;

    db. Anne-Félicité Dareste de Saconay, morte en 1878, mariée, en 1824, à Jean-Pierre-Louis-Joseph-Auguste de Limoge, chevalier de Saint-Louis, mort en 1886, dont :

      ea. Léon de Limoge-Dareste de Saconay, marié, en 1850, à Anne-Zoé-Suzanne de Luzy de Pélissac, dont : Johans Dareste de Saconay, marié à Bathilde de Rivérieulx de Chambost ;

      eb. Victor de Limoge, chanoine du chapitre de Lyon ;

      ec. Thérèse de Limoge, mariée à N. Grassis ;

      ed. Augustin, marié à Marie Passerat de la Chapelle ;

  cc. Marie-Jeanne Dareste de Saconay, mariée, en l'an V, à Denis-Félicité, comte de Garnier des Garets, dont :

    da. Prosper, comte des Garets, marié à Laure-Justine Chosson du Colombier, dont : Eugène, Joanny, tué en Crimée, Anthelme, marié à Marie-Joséphine-Félicie Richard, Aimée, mariée à Charles Le Viste, comte de Montbrian, Charlotte, mariée, en 1862, à Albert, comte d'Olivier de Pezet, Béatrix, mariée, en 1869, au baron de Bernon, Marie, mariée à Ludovic de Vauzelles, Marthe, mariée, en 1886, à N. de la Vernède, Stéphanie des Garets ;

db. Pierre-Victor des Garets, lieutenant de vaisseau, mort en 1831 ;

dc. Félix, comte des Garets, mort en 1896, marié à Louise Le Mau de Talancé, dont : Pauline, mariée, en 1868, à Alexandre de la Borde, Paul, Camille, Berthe, religieuse de Saint-Vincent de Paul, Ludovic, général de division, marié d'abord, en 1871, à Marie Thomy, puis à N. de Larminat, Henri, marié, en 1880, à Alix Dénoyel, Marguerite des Garets ;

dd. Francisque, comte des Garets, marié à Béatrix Pasquier de Franclieu, morte, en 1885, dont : Joseph, marié à Marie de Ponnat, Adrien, marié, en 1879, à Marie de Froment, Xavier, Michel, Eléonore, morte en 1891, Marie, mariée à son oncle Septime des Garets, Elise des Garets, religieuse du Sacré-Cœur ;

de. Septime, comte des Garets, marié d'abord à Cladie Carrand, dont : Jacques, marié à N. des Nétumières, puis, en 1868, à sa nièce Marie des Garets, dont : André, Béatrix, mariée, en 1891, au comte Carra de Vaux-Saint-Cyr ;

bc. Jean-Claude Dareste de Saconay, chevalier de Saint-Louis, mort en 1830, marié à Jeanne-Séraphique Ballex ;

bd. Claire-Louise Dareste de Saconay, mariée, en 1765, à Nicolas Le Mau de la Barre, receveur des tailles et autres impositions de l'élection de Villefranche, décédé de mort violente à Saint-Domingue, en 1791, dont :

ca. N. Le Mau de la Barre, mariée à N. Petit de Meurville, dont :

da. Didier Petit de Meurville, marié à Marie-Victoire-Françoise Bérard, dont : Marie, Raphaël, marié à Françoise Cronnié, Xavier, marié à Librada Brunetto y Garcia, Victorine, mariée d'abord à Gabriel Gay-Lussac, puis à Alfred Doury, Georges, marié à Marie de Ribed y Alzugaray, Joseph, marié à Catherine Issosta, Didier, marié à Louise Etchegoyen,

Charles, Henry, Louis Petit de Meurville, marié à Marguerite Le Rousseau de Rosencourt;

cb. Henri Le Mau de la Barre, décédé de mort violente à Saint-Domingue, en 1791;

cc. N. Le Mau de la Barre, mariée à N. du Quesnay, dont :

   da. N. du Quesnay, marié à N. de Révérony, dont :

      ea. N. du Quesnay, femme de N. de Révérony;

be. Marguerite-Victoire Dareste de Saconay, morte en 1832, mariée, en 1790, à Pierre-Gabriel Clérico, seigneur de Janzé, conseiller en la Cour des Monnaies de Lyon, victime de la Révolution avec ses deux fils Jean et Camille Clérico de Janzé.

71. FRANÇOIS-DAVID-ROCH DE QUINSON eut d'ELISABETH BOULARD DE GATELLIER :

aa. N. de Quinson, marié à N. N., sans postérité;

ab. Catherine-Elisabeth de Quinson, mariée, en l'an XIII, à Henry-Maurice-Victor Costa, marquis de Beauregard, dont :

   ba. Armance Costa de Beauregard, morte en 1875, mariée, en 1823, à Charles, comte de Musy, mort en 1877, dont :

   ca. Humbert, comte de Musy, mort en 1877, marié à Odette Le Gouz de Saint-Seine, dont :

      da. Symphorien, comte de Musy, marié, en 1883, à Laure de Rolland, morte en 1895, sans postérité;

      db. Marie de Musy, mariée, en 1876, au comte Eugène de Prunelé, dont : Charles, Henry et Odette de Prunelé;

   cb. Victor de Musy, miraculé de Lourdes, curé de Chagny;

   cc. Geneviève de Musy, morte célibataire en 1887;

bb. Clotilde Costa de Beauregard, morte en 1868, mariée, en 1825, au comte Henry de Seyssel-Cressieux, dont :

ca. Victor, comte de Seyssel, mort en 1883, marié à Albine de Bray, dont : Marc, marié, en 1892, à N. de Blangy, Pierre, Jeanne de Seyssel, religieuse du Cénacle ;

cb. Noémi de Seyssel, morte en 1864, mariée, en 1846, à Joseph comte de Thiollaz, mort en 1890, dont :

da. Clotilde de Thiollaz, mariée, en 1871, à Henry d'Oussières, dont : Noémi, Esther, Marie-Antoinette, Geneviève, Eugène, Marguerite-Marie et Georges d'Oussières ;

db. Emmanuel, comte de Thiollaz, marié, en 1881, à Marie de Crécy ;

dc. Geneviève de Thiollaz, morte en 1889, mariée, en 1875, à Charles-Albert, baron de Viry, mort en 1881 ;

dd. Hélène de Thiollaz ;

de. François de Thiollaz ;

bc. Pantaléon, marquis Costa de Beauregard, mort en 1864, marié, en 1834, à Marthe-Augustine-Antoinette de Saint-George de Veyrac, morte en 1884, dont :

ca. Albert, marquis Costa de Beauregard, marié, en 1860, à Emilie de Pourroy de Quinsonnas, dont : Euphémie, mariée, en 1882, à Ambroise Pantin, comte de Landemont, Léontine Costa de Beauregard, mariée, en 1886, à George, prince de Broglie-Revel ;

cb. Josselin, comte Costa de Beauregard, marié, en 1864, à Béatrix de Budes de Guébriant, dont : Ferdinand, marié, en 1896, à   , Ernest, prêtre, Robert Costa de Beauregard ;

cc. Henry, comte Costa de Beauregard, célibataire ;

cd. Paul, comte Costa de Beauregard, marié, en 1869, à Herminie de Rougé, dont : Pantaléon, Olivier, Alix, mariée, en 1895, à Henri de Boissieu, Henry, Jean-Baptiste Costa de Beauregard ;

ce. Camille Costa de Beauregard, chanoine de Chambéry ;

cf. Félicie Costa de Beauregard, morte en 1893, mariée, en 1866, à Jules, marquis de Prunelé, dont : Marthe, Juliette, Louise, Cécile, Pierre et Arthur de Prunelé ;

cg. Alix Costa de Beauregard, religieuse de Saint-Vincent-de-Paul ;

ch. Olivier Costa de Beauregard, tué à Sedan ;

ci. Marie-Antoinette Costa de Beauregard, mariée, en 1872, au vicomte Arthur de Lancrau de Bréon, morte en 1875, sans postérité ;

bd. Eugène, comte Costa de Beauregard, mort en 1852, marié, en 1833, à Jeanne Passerat de Silans, dont :

ca. Marie Costa de Beauregard, morte en 1882, mariée, en 1855, à César, marquis d'Oncieu de la Bâtie, dont Eugène, marié, en 1884, à Marie de Leusse, Philibert, Amé d'Oncieu, marié, en 1894, à Marie-Sophie Hoüitte de la Chesnais ;

be. Raoul, comte Costa de Beauregard, mort en 1878, marié, en 1833, à Laure de Moyrita-Châtillon, dont :

ca. Bérold, comte Costa de Beauregard, marié, en 1856, à Alexandrine de la Goutte de Montaugey, dont : Stanislas, marié, en 1883, à Christine de Narcillac, Gonzague, marié, en 1886, à Françoise Voysin de Gartempe, Elisabeth, Victor, marié, en 1890, à N. de Chossat-Montburon, Karl Costa de Beauregard, marié, en 1895, à Jeanne Aubry-Vitet.

72. Jeanne GALLET eut de Noel BENAY :

aa. Catherine Benay, mariée, en 1711, à Jean-François de Faucher, dont :

ba. Pierre-Joseph de Faucher, officier de marine ;

bb. Louis-François de Faucher, vice-amiral, chevalier de Saint-Louis, mort en 1795 ;

bc. Gabrielle de Faucher, mariée, en 1739, à Paul-Joachim de Rocquard, dont :

    ca. Joachim de Rocquard, chevalier de Saint-Louis, capitaine de vaisseau, mort en 1817.

73. Jeanne GALLET eut de Jean CASENEUVE :

aa. Anne Caseneuve, mariée, en 1703, à Antoine Chevalier, dont :

    ba. Louis-Aimé Chevalier de Montrond, marié à Marie-Louise La Combe de la Blache, dont :

        ca. Louis-Joseph-Clair Chevalier de Montrond, marié à Angélique Besson, dont :

            da. Ferdinand Chevalier de Montrond, capitaine de génie, assassiné, en 1842, à Cherchell, par un Arabe ;

        cb. Marie-Louise Chevalier de Montrond, mariée à N.de Prés de Seigle de Presles, major de la ville de Montélimar, sans postérité ;

        cc. Anne-Catherine Chevalier de Montrond, mariée, en 1782, à N. Gandailh de Javelin, officier, dont :

            da. N. de Javelin, femme de N. Quintin de Beynes, dont postérité ;

            db. N. de Javelin, femme de N. de Fontaine de Logères, dont :

                ea. Jules de Logères, marié, en 1851, à Amélie Bonnefoy ;

        cd. Adélaïde Chevalier de Montrond, mariée, en 1791, à François-Justin Josserand, chevalier de Saint-Louis, dont :

da. Jean-Louis Josserand, mort en 1860, marié d'abord à Flavie
Brottin, puis à Nathalie du Breuil-Hélion ; de celle-ci,
Charles, marié à sa cousine Valérie Arnal, N. femme de
N. Valencien, N. Josserand, femme d'Emile Sauzet ;

db. Françoise-Mathilde-Félicité Josserand, mariée, en 1820, à
Thomas-Antoine Arnal, dont : Mathilde, religieuse à
Smyrne, Coralie, mariée, en 1846, au baron Adolphe de
Coston, Valérie Arnal, mariée, en 1856, à Charles
Josserand ;

ce. Philippine Chevalier de Montrond, mariée à Jean-Baptiste
Mathieu, magistrat, dont postérité.

74. Jean-Jacques de GALLET de MONDRAGON eut de Marie-
Jeanne DUVAL de l'ESPINAY :

aa. Antoine de Gallet de Mondragon de Pluvaut, célibataire ;

ab. Jeanne-Madeleine-Louise de Gallet de Mondragon, mariée, en 1779,
à Louis-Charles, comte de Nantouillet, sans postérité ;

ac. Adélaïde-Madeleine de Gallet de Mondragon, mariée, en 1784, à
Pierre de Chertemps, comte de Seuil, dont :

ba. Albertine-Marie de Chertemps de Seuil, morte en 1858, mariée
à Adolphe, duc d'Aumont, mort en 1849, dont :

ca. Louis-Marie-Joseph, duc d'Aumont, mort sans postérité ;

cb. Ambroisine-Marie-Mélanie d'Aumont, mariée, en 1835 à
Edmond-Charles-Andronic Poullain, comte de la Vincendière,
dont : Mesdames Boux de Casson et Charles de Boisriou ;

ad. Augustin-Jean-Marie, marquis de Mondragon, marié, en 1786, à
Marie-Sophie de Tournon de Meyres, dont :

ba. Auguste, marquis de Mondragon, mort en 1860, marié, en 1819,
à Albertine-Zoé de Montaigu, sans postérité ;

bb. Théodore, marquis de Mondragon, mort en 1875, marié, en 1827, à Denise-Octavie de Savary de Lancosme, morte en 1876, dont :

ca. Louise de Mondragon, morte en 1891, mariée à Léopold Bonin de la Bonninière, marquis de Beaumont, dont : Guillaume, marié, en 1877, à Caroline d'Alsace d'Hénin, Jean, marié, en 1892, à Antoinette de la Boulaye, Philippe, marié, en 1887, à Jeanne des Varennes, Pierre de Beaumont, marié, en 1896, à Yolande de Goulaine ;

cb. Denise de Mondragon, morte en 1890, mariée, en 1851, à Jacques Bonin de la Bonninière, comte de Beaumont, dont : Karl, marié, en 1878, à Henriette de Boisgelin, René de Beaumont, marié, en 1882, à Marie de Tréveneuc ;

cc. Henriette de Mondragon, mariée, en 1853, à Martial-Arthur, vicomte de la Villarmois, dont : Martial, marié, en 1883, à Claire d'Espous, Robert, franciscain, Hubert, marié, en 1896, à Yolande des Courtils de Merlemont, Marie, visitandine, Marthe, marié, en 1878, au vicomte de Pioger, Berthe, mariée, en 1882, à Bernard de Lavau, Anne de la Villarmois, mariée, en 1889, au vicomte Léonce Harscoüet de Saint-George ;

cd. Antoinette de Mondragon, mariée, en 1856, à Didier Achard, comte de Bonvouloir, dont : Guillaume, marié, 'en 1885, à Jeanne de Crisenoy de Lyonne, Paul, marié, en 1884, à Madeleine Lepel-Cointet, Marie, mariée en 1880, au comte Henri de Bonnevallet, Jeanne, mariée, en 1879, au vicomte Jean de Vaulogé, Marthe de Bonvouloir, mariée, en 1885, au comte Jean de Bérenger :

bc. Sophie de Mondragon, morte en 1851, mariée à François-César, comte de Durat, dont :

ca. Henri, comte de Durat, mort en 1869, marié, en 1857, à Adrienne Vazeilhes, dont : Claire, Marie-Louise, mariée à Henry Calemard de Genestoux, Léonice, religieuse du Sacré-

Cœur, Oscar-Jehan, marié, en 1892, à Marguerite du Bouys de Pravier, Adrienne de Durat, mariée, en 1895, à Arthur de Vathaire de Guerchy ;

cb. Félix, vicomte de Durat, marié, en 1854, à Athénaïs Léclanche de la Vaussange, dont : Louise, mariée, en 1882, à Fernand de Drouas, Joseph, marié, en 1887, à Emmanuelle Benoid-Pons, Marguerite de Durat ;

cc. Jehan de Durat, abbé de la Trappe de Sept-Fons, mort en 1881.

75. PHILIPPE PARADIS eut de MARIE DE RAYMONDIS :

aa. Jean-Marguerite Paradis, victime de la Révolution ;

ab. Jean-Baptiste Paradis de Raymondis, seigneur du Jonchay, lieute-nant-général et premier président au Baillage de Bourg, mort en 1800, marié à Marie-Thérèse de la Chapelle, dont :

ba. Pierre-François Paradis, capitaine, mort de ses blessures à Leipsick.

76. ELISABETH PARADIS eut de PIERRE-FRANÇOIS BRUYAS :

aa. Elisabeth Bruyas, mariée, en 1766, à Louis-Marie de Leullion de Thorigny, seigneur de Thorigny, lieutenant particulier au Présidial de Lyon, mort en 1818, dont :

ba. Marie-Anne de Thorigny, mariée, en 1787, à François Perret, conseiller en la Cour des Monnaies de Lyon ;

bb. François-Bernardin-Louis de Thorigny, député du Rhône, marié, en 1809, à Marie-Etiennette Gazanchon de Chavannes, dont :

ca. Louis-Marie-Etienne-Marius de Thorigny, mort en 1857, marié, en 1844, à Louise-Stéphanie Morand de Jouffrey, dont :

da. Louis-Séverin-Gabriel de Thorigny ;

db. Anatole-Marie-René, vicomte de Thorigny, marié, en 1883, à Louise-Honorée-Marie Morel de Voleine, morte en 1893, dont postérité ;

cb. Etienne-Frédéric-Séverin de Thorigny, marié, en 1846, à Marguerite Pupier de Brioude, dont : N., femme de N. Dupré, Julie et Marguerite de Thorigny ;

bc. Philippe-Marie-Elisabeth de Thorigny, marié, en l'an IV, à Marguerite-Hélène Bonin-Beaupré, dont :

ca. Pierre-François-Elisabeth-Tiburce de Thorigny, ministre de l'intérieur, sénateur, etc., marié à Marie-Césarine Rozet, dont :

da. N. de Thorigny, femme du comte de Saint-Phalle.

77. JEAN PARADIS eut de PIERRETTE-MARIE CHAPUYS :

aa. Jeanne-Marie-Elisabeth Paradis, mariée, en 1765, à Bernard-Benoît de Lippens, dont :

ba. Jeanne-Catherine de Lippens, morte en 1797, mariée, en 1791, à Charles-François-Gabriel de Chossat de Montburon, seigneur de Saint-Sulpice, capitaine au régiment de la Couronne, mort en 1841, dont :

ca. Arthur de Chossat de Saint-Sulpice, tué à la bataille de Dresde en 1813 ;

cb. Charles de Chossat de Saint-Sulpice, mort en 1867, marié, en 1828 à Louise-Henriette-Justine de Montluzin de Gerland, dont :

da. N. de Saint-Sulpice, marié à Mélanie Girimon ;

cc. Jean-Marie-Arthur du Chossat de Saint-Sulpice, capitaine d'Etat-Major, mort en 1875 ;

cd. N. de Chossat de Saint-Sulpice, mariée à N. Bernard de Dompsure, dont postérité ;

bb. Jeanne-Marie-Antoinette de Lippens, mariée à Antoine-César-Valérien de Chapuys-Montlaville, mort en 1852, dont :

> *ca.* Alceste, baron de Chapuys-Montlaville, marié à Ludivine de Rivérieulx de Chambost (v. note 24) ;

bc. Marie-Benoît de Lippens, marié à Françoise Verney, dont :

> *ca.* Jean de Lippens, marié, en 1835, à Gabrielle Compagnon de Ruffieu, dont postérité ;

ab. Marie-Antoinette Paradis, mariée d'abord, en 1773, à Charles Balley, puis, en 1784, à Benoît-Marie Robin d'Orliénas;

ac. Benoîte-Elisabeth Paradis, mariée, en 1773, à Pierre Piget, dont :

> *ba.* Jeanne-Marie-Elisabeth-Sophie Piget, mariée à Antoine de la Croix-Laval (v. note 31).

78. DOMINIQUE ROLAND eut de MARIE VANDE :

aa. François Roland, dominicain ;

ab. Marguerite Roland, mariée, en 1738 à Jean-Thomas Adine du Crozet, inspecteur et directeur général des fermes du Roi à Lyon, dont :

ba. Marie-Charlotte Adine du Crozet, mariée, en 1767, à Pierre-André de Chapuis de Laval, baron d'Izeron, chevalier de Saint-Louis, lieutenant-colonel de cavalerie ;

bb. Charles Adine du Crozet, directeur des fermes à Belley, marié, en 1769, à Thérèse Coste-Féron, dont :

> *ca.* Auguste Adine du Crozet, tué dans un combat naval contre les Anglais, sous la Terreur ;

> *cb.* N. Adine du Crozet, dit Bras-de-Fer, à cause de sa force herculéenne, mort dans le même combat;

> *cc.* Anne-Marie Adine du Crozet, mariée à N. Sablières;

cd. Louis Adine du Crozet, marié à Laure-Antide Parrat-Brillat, dont :

    da. Charles Adine du Crozet, marié à Joséphine-Ambroisie du Vachat.

ac. Jean-Baptiste-Claude Roland, chanoine de Saint-Paul de Lyon.

79. CHARLOTTE PASQUIER eut de JEAN GENTHON :

aa. Anne Genthon, religieuse au deuxième monastère de l'Annonciade Céleste de Saint-Amour à Lyon, en 1732 ;

ab. Claire Genthon, religieuse au même monastère, en 1744 ;

ac. Antoine Genthon, marié à N. Boileau, dont :

    ba. Antoine-Charles Genthon, placé à l'intendance de Strasbourg.

80. LOUIS DU MAREST eut d'ANNE JOUVENCEL :

aa. Jeanne-Marie-Denise du Marest, femme de Charles Perrin, secrétaire honoraire au Sénat de Chambéry ;

ab. Angélique du Marest, supérieure de la Visitation de l'Antiquaille ;

ac. Anne-Louise du Marest, femme de Joseph-Emmanuel-Guigue, comte de Revel ;

ad. Louis-Pierre du Marest, seigneur de Chassagny, trésorier de France, marié à Ennemonde Demessieu, dont :

    ba. Anne-Félicité du Marest de Chassagny, mariée, en 1808, à Jean-François Scipion, baron de Drujon, dont :

        ca. Anne-Louise-Françoise de Drujon, mariée, en 1829, à Claude-Victor Compagnon de la Servette, mort en 1870, dont :

            da. Valentine de la Servette, mariée en 1849, à Jean-Marie-Charles Crozet de la Fay, dont : Henri, marié, en 1882, à

Germaine Décroso, Georges, tué pendant la guerre de 1870, Marie, mariée à son oncle Abel de la Servette, Louise Crozet de la Fay, mariée, en 1877, à Joseph de Boutiny ; — Valentine de la Servette s'est remariée, en 1865, à Sépit de Fructus, dont : Pierre de Fructus, mort à Madagascar.;

db. Abel de la Servette, marié, en 1873, à sa nièce Marie Crozet de la Fay ;

dc. Noémi de la Servette, mariée, en 1856, à Jules Bouthillon de la Serve, dont : Maurice, marié, en 1894, à Emilie Rouland, Madeleine de la Serve, mariée au baron Robert d'Anglejan ;

dd. Jeanne de la Servette, mariée, en 1860, à Jérôme-Benoît-Philogène de Baillencourt, dit Courcol, général de brigade, dont : Marguerite de Baillencourt, mariée, en 1881, au vicomte Guillaume de Kergariou.

81. NICOLAS-FRANÇOIS DE SIMIANE eut de MARIE-SUZANNE GUYHOU :

aa. Marie-Suzanne-Françoise-Pauline de Simiane, mariée, en 1735, à Jacques-Bernard Durey, comte de Noinville, président au grand conseil, dont :

ba. Alphonse-Louis-Bernard, comte de Noinville, colonel de chevau-légers, commandant une compagnie de cavalerie noble de Condé et Bourbon, durant l'émigration, marié, en 1773, à Marie-Françoise-Renée de Tabary, dont :

ca. Alphonse-Paul-François, comte de Noinville, major du 6e régiment d'infanterie de la Garde royale, chevalier de Saint-Louis ;

cb. Hercule-Louis-Marie de Noinville, officier de marine, tué au au service de l'Espagne, au combat du cap Saint-Vincent, en 1797 ;

cc. Louis-Bernard-Joseph de Noinville, lieutenant-colonel d'Etat-Major, chevalier de Saint-Louis, marié, en 1814, à Eléonore-Thérèse Le Cornu de Balivière, dont deux filles ;

bb. Marie-Louise-Françoise de Noinville, mariée d'abord, en 1755, à François-Philibert de Bonvoust, marquis de Prulay, capitaine au régiment de dragons de Marbœuf, dont :

ca. Marie-Anne-Elisabeth-Joséphine de Prulay, dame d'honneur de la princesse Louise de Condé, mariée, en 1775, à Joseph, marquis de la Roche-Lambert-Montfort, lieutenant aux Gardes françaises, dont :

da. Auguste-Joseph, marquis de la Roche-Lambert, capitaine à l'armée de Condé, chevalier de Saint-Louis, marié, en 1810, à Henriette-Laurence-Marie-Gabrielle de la Roche-Lambert, dont :

ca. Gabriel, marquis de la Roche-Lambert, mort en 1861, marié à Adrienne-Louise de Thellusson de Sercy ;

db. Michel-Alphonse, comte de la Roche-Lambert, marié à N. N. dont : Charles, Henri, Marie, mariée à N. Wagner, Antoine, marié à N. N., Joseph de la Roche-Lambert, marié à N. N. ;

dc. Henriette de la Roche-Lambert, mariée à François, comte de Caissac de la Roquevieille, dont :

ea. Joseph-Amédée-Armand de Caissac, mort en 1844, marié en 1854, à Marie-Charlotte de Maumigny ;

eb. Zoé de Caissac, mariée à Eugène de Pélacot ;

ec. Elisabeth-Louise de Caissac, mariée à Philippe Falcon de Longevialle.

Marie-Louise-Françoise de Noinville se remaria, en 1761, à Antoine-Jean-Baptiste-Louis Durey de Mesnières, marquis de Bourneville, sous-lieutenant aux Gardes françaises, sans postérité.

82. Antoine-François de SIMIANE eut de Marie de LAIRE :

aa. Hector de Simiane, mort sans postérité.

83. Etienne SORNIN eut de Cécile BRANDON.

aa. Elisabeth Sornin, mariée à Robert-Nicolas Tresca.

84. Claudine SORNIN eut d'Aymé ROCOFFORT :

aa. Claudine Rocoffort, mariée, en 1730, à Jean-Mathieu Riocreux, dont :

    ba. Françoise Riocreux, religieuse à la Visitation de Bellecour ;

ab. Jean-Baptiste Rocoffort, marié, en 1730, à Marie-Françoise Alex, et, en 1741, à Antoinette Charlet ;

ac. Etienne Rocoffort, marié, en 1736, à Marie Alex, dont :

    ba. Marie-Françoise Rocoffort, mariée, en 1753, à Noël Fradon ;

    bb. Jean-François Rocoffort, marié, en 1770, à Jeanne Moniard, dont postérité.

85. Claudine SORNIN eut d'Annibal PANNIER :

aa. Jean-Jacques Pannier, fixé à Paris en 1776 ;

ab. N. Pannier, femme de N. Lenoir ;

ac. Marie Pannier, femme de N. de Vezure, secrétaire du Roi.

86. Philibert BERNARD de la VERNETTE eut de Jeanne CHESNARD de LAYÉ :

aa. Claude-Philibert de la Vernette, seigneur de Saint-Maurice, chevalier de Saint-Louis, lieutenant de Roi en Mâconnais, marié d'abord, en 1745, à Marie-Charlotte de la Blétonnière, dont :

ba. Abel-Michel de la Vernette-Saint-Maurice, seigneur de la Rochette, capitaine au régiment d'Orléans cavalerie, lieutenant de Roi en Mâconnais, marié, en 1782, à Marie-Augustine de Chapuis de Rozières, dont :

  ca. Léon de la Vernette-Saint-Maurice, marié d'abord, en 1814, à Hélène Giraud de Montbellet, dont :

    da. Gustave, comte de la Vernette-Saint-Maurice, mort en 1890, marié, en 1849, à Adèle de Clavière, morte en 1893, dont : Valentine, mariée, en 1875, à Hippolyte Le Beschu de Champsavin, Paul, marié, en 1894, à Louise de Sibeud de Saint-Ferriol, André de la Vernette-Saint-Maurice.

    Léon de la Vernette-Saint-Maurice s'est remarié, en 1830, à Marie-Thérèse-Isaure Seguin de Jallerange, morte, en 1877, dont :

    db. Anatole de la Vernette-Saint-Maurice, marié, en 1860, à Emélie de Jerphanion, dont : Léonie, Marthe, morte en 1880, Ludovic, marié, en 1891, à Anna Mareschal de Longeville, Max, prêtre, Alban, jésuite, Jeanne de la Vernette, morte en 1886 ;

    dc. Max de la Vernette-Saint-Maurice, marié, en 1866, à Nennecy du Bessey de Contenson, dont : Philibert, Marie, petite-sœur garde-malades des Sœurs de l'Assomption ; Louise, fille de la Charité, Marguerite, Thérèse, Germaine de la Vernette ;

  cb. Marie-Antoinette-Rosalie de la Vernette, mariée à Philippe Deschamps, comte de la Villeneuve, dont :

    da. Alfred, comte de la Villeneuve, marié à Valentine de la Croix-Laval, en 1833 (v. note 33) ;

    db. Eudoxie de la Villeneuve, mariée à Léon de Noyel, comte de Sermézy ;

  cc. Adélaïde Bonaventure de la Vernette, mariée, en 1811, à Pierre, marquis de Masson d'Autume, dont :

da. Ernest, marquis d'Autume, marié à Madeleine-Jeanne-Stéphanie de Thy, dont : Valbert, marié, en 1873, à Marie de Fontenelle, Théodule, marié à Madeleine de Suremain, Léonel, Léa, religieuse du Sacré-Cœur, Anne, femme d'Henri comte de Rotalier, Marie d'Autume, femme de Paul de Bouchaud de Bussy ;

db. Olympe d'Autume, mariée à N. de Matherot, dont Henri, Armand, mort curé de Rochefort, Mmes de la Pomarède, Baleydier et Baleydier, Célina de Matherot, chanoinesse ;

dc. Victorine d'Autume, mariée à Ernest Perrault, comte de Jotemps, dont Stanislas, marié à Caroline Berger, Edmond de Jotemps, marié à Blanche Harent ;

dd. N. d'Autume, mariée à Gaspard, comte de Renepont, dont postérité ;

bb. Jean-Baptiste-Antoine de la Vernette, officier d'artillerie ;

bc. Jean-Salomon-Marie de la Vernette de la Serrée, marié, en 1790, à Marie-Marguerite Laborier de Serrières, dont :

ca. Henry de la Vernette, marié d'abord, en 1827, à Stéphanie Girard de Saint-Géran, puis, en 1835, à Marguerite-Henriette Girard de Saint-Géran ; il eut de la première :

da. Edouard de la Vernette, marié, en 1855, à Théodorine Girard de Saint-Géran, dont : Henry, marié, en 1881, à Clémentine Perrault de la Motte de Montrevost, Charles, marié, en 1884, à Camille Perrault de la Motte de Montrevost, Paul de la Vernette, marié, en 1887, à Jeanne Colon ;

cb. Jules de la Vernette, marié en 1835, à Lydie de Lauzières de Thémines, dont :

da. Henri-Joseph de la Vernette, marié, en 1865, à Adèle Gillet de Valbreuze, dont postérité ;

db. Maxime de la Vernette, marié à N. Prost, dont postérité ;

cc. Pauline de la Vernette, mariée, en 1813, à Paul O'Brien
dont :

> *da.* Edouard O'Brien, marié en 1854, à Anne-Marie-Cécile
> Toseau du Terrail ;

> *db.* Louise O'Brien, mariée, en 1852, à Henry de Testot-
> Ferry, dont postérité.

> Claude-Philibert de la Vernette, s'est remarié, en 1788,
> à Suzanne Dauphin, dont :

bd. Marie-Jeanne-Michelle de la Vernette, mariée à Philippe, comte
de Froissard-Broissia, dont :

> *ca.* Flavien, comte de Broissia, marié à Noémi d'Oussières, dont :
> Amaury, colonel de cavalerie, Maxence, marié à N. Barachin,
> Henri, marié à N. de Baudreville, Daniel de Broissia, marié à
> N. Rolle ;

> *cb.* Edouard, comte de Broissia, marié à Marie du Metz de Rosnay
> dont Louise, dame du Sacré-Cœur, Suzanne, mariée à N. de
> Zélicourt, Blanche, carmélite, Jean, marié à N. Bernard,
> Georges, marié à Marie Arnoulx de Pirey, Louis, Emmanuel,
> Marie, Jeanne de Broissia ;

> *cc.* Albert, comte de Broissia, marié à Marie O'Brien, dont pos-
> térité ;

> *cd.* Alix de Broissia, mariée à Charles Rance de Guiseuil, dont :
> Marie, mariée à Ignace de Weck, Elisabeth et Antoinette, reli-
> gieuses du Sacré-Cœur, Marguerite de Guiseuil.

87. ELÉONORE BERNARD DE LA VERNETTE eut de JEAN-BAPTISTE
DE LA MARTINE :

aa. Jean-Baptiste de la Martine, seigneur d'Hurigny, en 1756, capitaine
au régiment de Villeroy, marié à Anne de la Martine, dont :

ba. Jeanne-Sibille-Philippine de la Martine, mariée, en 1756, à Pierre de Montherot, seigneur de Montferrand, capitaine des Gardes du gouvernement de Bourgogne, dont :

  ca. Pierre de Montherot, seigneur de Montferrand, garde du corps de la Compagnie écossaise, conseiller au Parlement de Dijon, marié, en 1783, à Jeanne-Claudine-Françoise-Etiennette Grimod de Bénéon, dont :

    da. Jean–Baptiste-François-Marie de Montherot, marié d'abord à Jeanne-Virginie Guénichot de Nogent, dont :

      ea. Louise de Montherot, mariée, en 1833, à Gabriel Passerat de la Chapelle ;

      eb. Nelly-Jeanne-Andrée-Valentine de Montherot, mariée, en 1835, à Barthélemy-Marie-Ernest Guillet, comte de Châtelus.

      Jean-Baptiste-François-Marie de Montherot s'est remarié, en 1821, à Marie-Suzanne-Clémentine de la Martine, morte en 1824, dont :

      ec. Jean-Charles de Montherot, marié, en 1849, à Noémi-Marguerite-Sidonie Blanc de Faverges ;

    db. Jeanne-Claudine de Montherot, mariée, en 1809, à Xavier Hüe de la Blanche, dont :

      ea. Félix de la Blanche, marié à Antoinette-Marguerite-Rose Monnier de la Sizeranne, morte en 1882 ;

      eb. Marie de la Blanche, mariée, en 1836, à Alfred Sordet ;

      ec. Louise-Antoinette-Isabelle de la Blanche, mariée à Ernest Génissieu ;

  cb. Jean-Baptiste de Montherot, chevalier de Saint-Louis, mort en 1850, marié à Antoinette-Marie-Louise Degraix, sans postérité ;

  cc. Marie-Jeanne de Montherot, mariée d'abord à Alexandre Mairetet, puis à N. de Malmont, sans postérité ;

bb. Marie-Anne de la Martine, mariée à Pierre-Abel des Vignes, seigneur de Davayé, officier aux Gardes françaises, sans postérité ;

bc. Ursule de la Martine, mariée à Marc-Antoine Patissier de la Forestille, dont :

    ca. Jean-Baptiste de la Forestille, mort en 1855 ; marié à N. des Bois de Chasoux, sans postérité ;

    cb. Philibert de la Forestille de Saint-Léger, mort en 1865, marié à Marie-Thérèse Jacquet du Chailloux, morte, en 1869, dont :

        da. Alix de la Forestille, mariée, en 1836, à Victor, comte de Murard (v. note 38) ;

ab. Philibert de la Martine, capitaine au régiment de Piémont, chevalier de Saint-Louis, en 1751 ;

ac. Louis-François de la Martine, capitaine au régiment de Monaco infanterie, chevalier de Saint-Louis.

88. FRANÇOIS-DAVID BOLLIOUD DE SAINT-JULIEN eut D'ANNE-MADELEINE-LOUISE-CHARLOTTE DE LA TOUR-DU-PIN:

aa. Jean-Victor-François-Auguste Bollioud de Saint-Julien, mort sans postérité.

89. SUZANNE BOLLIOUD DES GRANGES eut de LOUIS-CLAUDE DU PIN DE FRANCUEIL :

aa. N. du Pin de Francueil, femme de N., comte de Villeneuve, dont :

    ba. René, comte de Villeneuve, marié à N. N., dont :

        ca. N., comte de Villeneuve ;

cb. N. de Villeneuve, femme de N., comte de la Roche-Aymon, dont :

> *da.* N. de la Roche-Aymon, mariée à N., prince Gallitzin, dont deux fils et une fille, femme de N. Alberti, duc de Chaulnes.

90. Laurent FAYARD eut de Gabrielle-Claude BERGER de Tronchoy :

aa. Paul de Fayard de Bourdeille, vicomte de Villemesnard, secrétaire du Roi, trésorier général des finances de Dauphiné, receveur général de Picardie et Artois, marié à Anne-Magdeleine Le Normand de la Place, dont :

ba. Gabrielle de Fayard, mariée, en 1802, à François d'Armand, comte de Châteauvieux, mort en 1815, dont :

> *ca.* Pauline de Châteauvieux, morte en 1891, mariée en 1836, à Léopold, baron de Cockborne, dont :
>
>> *da.* Henry, baron de Cockborne, marié, en 1872, à Henriette Boisselet de Fabert, dont Gabrielle, Paul, Robert, Sosthènes de Cockborne :
>
> *cb.* Léontine de Châteauvieux, morte en 1881, mariée, en 1843, à Armand-Charles-Alexandre du Hamel de Fougeroux, mort en 1850, dont :
>
>> *da.* Sosthènes de Fougeroux, marié, en 1872, à Clotilde de la Taille, morte en 1887, dont Louise-Clotilde de Fougeroux ;
>
> *cc.* Sosthènes, marquis de Châteauvieux, mort en 1885, marié à Célinie de Villèle, morte en 1889, dont dix enfants, entre autres :
>
>> *da.* Pauline de Châteauvieux, mariée en 1866, à Charles-Auguste de Baillet ;
>>
>> *db.* Mélanie de Châteauvieux, religieuse de Marie-Réparatrice ;

dc. Léon de Châteauvieux, mort en 1877, marié à Lise Hureau de Sénarmont, dont postérité ;

dd. Eugénie de Châteauvieux, religieuse de Marie-Réparatrice ;

de. Joseph de Châteauvieux, marié, en 1882, à Honorine Sivière, dont postérité ;

bb. Auguste de Fayard de Bourdeille, vicomte de Bourdeille-Villemesnard, receveur des finances, marié, en 1803, à Joséphine Eybort, dont :

    ca. Joséphine de Fayard de Bourdeille, mariée d'abord, en 1833, à Félix Mignon, sans postérité, puis en 1835, à Didier-Nicolas Riant, dont :

        da. Paul, comte Riant, membre de l'Institut, marié à Henriette-Antoinette Cornuau d'Offemont, dont : Denis, Paul, Bernardette, mariée, en 1892, à Louis de Germon, Odette Riant, mariée, en 1893, au baron Raoul de Graffenried-Villars ;

        db. Thérèse-Marie Riant ;

    bc. Anne-Françoise de Fayard, mariée, en 1802, à Sébastien du Lac, seigneur de Fugères, dont :

        ca. Albert du Lac, marié à Pulchérie de Rouvroy de la Mairie, dont :

            da. Stanislas du Lac, Père jésuite ;

        cb. Eugénie du Lac ;

    bd. Paul de Fayard, d'abord aide de camp du duc de Vicence, puis prêtre, vicaire général de Troyes et de Bayonne ;

ab. Gabriel-Laurent de Fayard, seigneur d'Orsay ;

ac. Françoise-Marguerite de Fayard, mariée d'abord, en 1757, à Henry-Pierre-Gilbert Coignet de la Thuillerie, comte de Courson, grand bailli d'Auxerre, ambassadeur de France en Suède, puis, en 1759, à

Paul, marquis de Blosset, brigadier des armées du Roi, ambassadeur de France en Portugal et Danemark, sans postérité.

91. Bonne PUPIL de MYONS eut de Louis RAVAT :

aa. N. Ravat, mariée à Jean-Baptiste de la Garde, président au Parlement de Paris, dont :

  ba. Marie-Louise de la Garde, morte en 1779, mariée, en 1742, à François-Camille-Louis-Apollinaire, comte de Polignac, brigadier d'infanterie, dont :

    ca. N. de Polignac, mariée à N. de Sainte-Hermine ;

    cb. Henriette-Zéphirine de Polignac, mariée, en 1776, à Amédée-Claude-Guillaume Testu, marquis de Balincourt ;

    cc. Camille-Louis-Appolinaire de Polignac, évêque de Meaux, en 1779, aumônier de la reine Marie-Antoinette, abbé commandataire de Saint-Empire, mort en 1821, à 76 ans.

92. Barthélemy-Jean-Claude PUPIL de MYONS eut de Marguerite de SÈVE :

aa. Anne Pupil de Myons, mariée, en 1744, à Artus-Joseph de la Croix de Chevrières de Sayve, marquis d'Ornacieux (v. note 44) ;

ab. Barthélemy-Léonard Pupil de Myons, premier président, lieutenant-général au Présidial de Lyon, marié, en 1754, à Louise-Charlotte de Loras, sans postérité ;

ac. Françoise Pupil de Myons mariée, en 1762, à Claude, marquis de Sarron, seigneur des Forges, victime de la Révolution, dont :

  ba. Etienne-Horace-Gabriel, marquis de Sarron, marié, en 1807, à Marie-Virginie Marest de Saint-Pierre, dont :

    ca. Cornélie de Sarron, mariée, en 1827, à César Arthaud, vicomte de la Ferrière (v. note 17).

93. Bonne PUPIL de MYONS eut de Léonard BATHÉON de VERTRIEU :

aa. Jean-Antoine de Vertrieu, trésorier de France, marié, en 1746, à Françoise-Anne Nicolau, sans postérité ;

ab. Barthélemy-Joseph de Vertrieu, marié, en 1752, à Marie de la Croix-Laval (v. note 27) ;

ac. Pierre de Vertrieu, jésuite, principal du grand collège de Lyon.

94. Jeanne-Marguerite PUPIL de MYONS eut de Barlhélemy-Joseph HESSELER de BAGNOLS :

aa. Marie-Jeanne Hesseler, mariée, en 1735, à Louis-Hector de Cholier de Cibeins, baron d'Albigny, président en la Cour des Monnaies de Lyon, sans postérité ;

ab. Marie-Anne Hesseler, mariée, en 1738, à Jean-Baptiste-Louis Croppet de Varissan, seigneur d'Irigny, dont :

    ba. Claudine-Barthélemie Croppet d'Irigny, mariée, en 1760, à Jean Giraud de Saint-Trys, baron de Montbellet, chevalier d'honneur en la Cour des Comptes de Bourgogne, dont :

        ca. Georges-Marie Giraud, baron de Montbellet, capitaine de cavalerie, marié à Marie-Julie-Pauline de Colbert, dont :

            da. Alexandrine-Anne de Montbellet, mariée, en 1806, à Daniel Bellet de Tavernost (v. note 57) ;

            db. Hélène-Pauline de Montbellet, mariée en 1814, à Léon Bernard de la Vernette-Saint-Maurice (v. note 86) ;

            dc. André, baron de Montbellet, mort célibataire ;

            dd. Luce de Montbellet, mariée à Jean-Baptiste-Alexandre Aymon de Montépin ;

de. Adèle de Montbellet, mariée à Jules Aymon de Montépin, pair de France, dont :

 ea. Lucie de Montépin, mariée à N. Imbert, vicomte de Balorre ;

bb. Marie-Gabrielle Croppet d'Irigny, mariée, en 1764, à Jacques-Catherin Le Clerc de la Verpillière, chevalier de Saint-Louis, major de la ville de Lyon, dont :

 ca. André-Jean-Baptiste-François, marquis de la Verpillière, chevalier de Saint-Louis, marié, en l'an III, à Clotilde-Sybille Guinet de Montverd, dont :

  da. Charles, marquis de la Verpillière, marié à Charlotte-Victorine Hubert de Saint-Didier (v. note 9) ;

  db. Pauline de la Verpillière, mariée, en 1821, à Louis-Antoine Philibert Poncet, baron du Maupas, dont :

   ea. Clotilde du Maupas, mariée à Victor Maublanc de Chiseuil ;

   eb. Sidonie du Maupas, mariée, en 1844, à Alfred, baron de Chabert ;

 cb. Marie-Anne-Charlotte de la Verpillière, mariée, en 1784, à Jean-Pierre-François Catalan, lieutenant-général en la Sénéchaussée de Lyon ;

 cc. N. de la Verpillière, femme de N. de la Chapelle ;

bc. Pierre Croppet d'Irigny, marié à Benoîte-Croisette Dervieu de Vilieu, sans postérité.

95. Jean de PALLUAT-BESSET eut de Marguerite BERNOU de NANTAS.

 aa. Claude de Palluat-Besset, procureur en l'élection de Saint-Etienne, marié, en 1759, à Catherine Vincent, dont :

ba. Antoine-Jean de Palluat-Besset, marié, en 1800, à Catherine Forissier de Bagnol, dont :

ca. Eugénie de Palluat-Besset, mariée en 1822, à Joséphin Frèrejean, dont :

    da. Claudine-Antoinette Frèrejean, mariée, en 1853, à Léopold de Gaillard-la-Valdène, dont postérité ;

    db. Louis Frèrejean, marié à N. Bailliargé, dont postérité ;

cb. Claude-Henri, comte de Palluat-Besset, marié, en 1832, à Jeanne-Louise Peyret du Bois, dont :

    da. Joseph, comte de Palluat-Besset, marié d'abord, en 1861, à Claire de Chapel, dont Henry, marié, en 1892, à Marcelle d'Adhémar, et Alfred, marié, en 1892, à Jeanne Roux de la Plagne ;

    Joseph, comte de Palluat-Besset, s'est remarié, en 1871, à Marguerite d'Humières, morte dans l'accident du bateau le « Montblanc », en 1892, dont : Roger, Louise et Thérèse, mortes avec leur mère, André, Jeanne, mariée, en 1896, au marquis Jean de Pina, Maurice, Robert, Bernard de Palluat-Besset ;

bb. Claude-Aimé de Palluat-Besset, lieutenant, en 1780, à l'Ile de France ;

bc. Marie-Madeleine de Palluat-Besset, mariée, en 1790, à Jean-Baptiste-Claude-Henri du Puy, dont :

ca. Claude-Marie du Puy de Quérézieux, marié à Célestine-Louise-Madeleine Paret, dont :

    da. Antonin de Quérézieux, marié, en 1876, à Pauline du Pasquier, dont postérité ;

    db. Catherine-Magdeleine de Quérézieux, mariée, en 1862, à Georges-Auguste, vicomte de Chambray, dont postérité ;

bd. Françoise-Clotilde de Palluat-Besset, mariée à Pierre Forissier, dont :

  ca. Henry-Antoine Forissier, marié à N. Chaverondier, dont :

    da. Marie Forissier, mariée, en 1872, à Louis Bayon de Libertat, dont postérité ;

    db. Henry Forissier, marié, en 1884, à Marie Onffroy de Vérez, dont postérité ;

    dc. Magdeleine Forissier, mariée à N. de Mabille de Bronac de Vazelhes, dont postérité ;

ab. Madeleine de Palluat-Besset, mariée, en 1756, à Jean-Joseph Pellissier, maire de Saint-Etienne, dont postérité ;

ac. Claire de Palluat-Besset, mariée à Jean-Baptiste Chazal, élu en l'élection de Saint-Etienne, dont :

  ba. Catherine-Claudine Chazal, mariée, en 1784, à Claude Montellier, dont :

    ca. François Montellier, mort en 1814, marié à Pierrette Marrel, morte en 1860, dont :

      da. Félicie Montellier, morte en 1875, mariée, en 1830, à Albert Bouchet, mort en 1852, dont :

        ea. Albert Bouchet, marié, en 1866, à Marie Verrollot ;

        eb. Marthe Pouchet, mariée, en 1860, à Amédée de Rivérieulx de Varax ;

        ec. Henri Bouchet, marié, en 1870, à Berthe Durand ;

        ed. Marie Bouchet, mariée, en 1870, à Antoine, comte de Pelleterat de.Borde ;

    cb. Jeanne-Louise Montellier, morte en 1856, mariée à Jean Fleurdelix, dont :

da. Cladie Fleurdelix, morte en 1878, mariée, en 1825, à Victor Anginieur, dont :

    ea. Marie Anginieur, mariée, en 1851, à Charles Legendre;

    eb. Camille Anginieur, marié, en 1868, à Charlotte du Pasquier;

    ec. Sabine Anginieur, mariée, en 1864, à Charles Jarre;

    ed. Jeanne Anginieur, carmélite;

  db. Alice Fleurdelix, mariée à Camille Béthenod, dont :

    ea. Louise Béthenod, femme d'Olivier Grand de Rivoire;

ad. Pierre-Joseph de Palluat-les-Combes, lieutenant au régiment d'Auvergne ;

ae. Madeleine de Palluat-Besset, mariée à N. Mathevon de Curnieu;

af. Antoine de Palluat-la-Blache, capitaine au régiment du comte de Provence;

ag. Claude-Jean-François de Palluat-Besset, prieur et curé de Saint-Just-en-Velay.

96. Benoit de VALOUS eut de Françoise FOURGON de MAISON-FORTE :

aa. Jérôme de Valous, marié à sa cousine germaine Catherine Fourgon de Maisonforte (v. note 52);

ab. Vital de Valous, chanoine-baron de Saint-Just de Lyon ;

ac. Anne-Roch de Valous, mariée, en 1773, à Jean-Jacques de Boissieu, trésorier de France, célèbre graveur, dont :

  ba. Jean-Louis-Marie de Boissieu, marié, en 1807, à Marie-Louise Berthaud de Taluyers (v. note 51);

ad. Marie-Françoise-Andrée de Valous, mariée, en 1782, à Jean-Baptiste-Louis de Boissieu, seigneur du Tiret, dont :

ba. Claude-Victor de Boissieu, marié, en 1818, à Rosalie-Henriette Grel, morte en 1868, dont :

  ca. Dominique de Boissieu, marié, en 1853, à Octavie Billiet, dont :

    da. Claudine-Marie-Thérèse de Boissieu, née en 1854, mariée à Alphonse Michoud, dont postérité;

    db. Francisque de Boissieu, né en 1856 ;

  cb. Claude-Jérôme-Félix de Boissieu, chanoine de Belley ;

  cc. Hippolyte-André de Boissieu, marié, en 1859, à Alice de Salvaing de Boissieu, dont une nombreuse postérité ;

  cd. Jean-Roch de Boissieu, marié, en 1862, à Sophie de Bancalis de Pruynes, dont : Claude, Raymond de Boissieu et quatre filles ;

  ce. Marie-Sabine de Boissieu, femme de Scipion-Philippe de la Garde, dont : Marie, femme de Victor Prudhomme, Louise, femme de N. Vincent, N., mariée à N. Vay ; deux filles, visitandines, Octavie, Paul de la Garde, marié à N. Perroy d'Azolette ;

  cf. Jeanne-Marie de Boissieu, mariée, en 1853, à Maurice de Beaux de Plovier, dont : N. de Beaux de Plovier, mariée à N. Galli ;

bb. Jeanne-Claudine de Boissieu, mariée, en 1820, à Alexandre-Jullien du Colombier ;

ae. Marie-Anne-Jeanne de Valous, mariée, en 1786, à Jacques-Claude Rambaud, seigneur de la Vernouze, lieutenant particulier en la Sénéchaussée de Lyon, dont :

ba. Françoise-Marie Rambaud, mariée, en 1812, à Antoine-Alexis-Jules-César Belin de Laréal ;

bb. Jeanne-Françoise Rambaud, mariée, en 1807, à Agricol-Louis-Isidore Bertet de Roussas ;

af. Jeanne-Marie de Valous, mariée à N. Richard du Colombier, chevalier de Saint-Louis;

ag. Camille-Marie de Valous, lieutenant des vaisseaux du Roi, chevalier de Saint-Louis.

97. Marie-Anne-Eléonore GENTHON eut de Pierre, comte de BÉHAGUE :

aa. Anne-Louise-Eléonore de Béhague, mariée, en 1752, à Pierre de Constant, chevalier de Saint-Louis, lieutenant de Roi à Neuville, dont :

  ba. Pierre-Barthélémy-Marie-Joseph-Alexandre de Constant, entré à l'Ecole militaire en 1766;

  bb. Charlotte-Adélaïde de Constant, femme de Claude-César de Rivérieulx de Saint-Nizier;

  bc. Reine-Pierrette-Eléonore de Constant, mariée à Durand de la Mure, seigneur du Poyet (v. note 62).

ADDITIONS

A la généalogie de la famille De RIVÉRIEULX

NAISSANCES, MARIAGES ET DÉCÈS

Arrivés pendant l'impression de cet ouvrage

— 16 février 1897. — Mariage de HENRI, fils de TANCRÈDE DE RIVÉRIEULX DE CHAMBOST, comte de LÉPIN, et d'EDITH FAVIER DE NOYER, avec MARIE DE PLANTA DE WILDEMBERG.

— 7 mars 1897. — Naissance de LOUIS, fils d'ALBERT DE RIVÉRIEULX DE CHAMBOST et de MARIE DE MENTHON D'AVIERNOZ.

— 16 mars 1897. — Mort de MARIE DE MENTHON D'AVIERNOZ, femme d'ALBERT DE RIVÉRIEULX DE CHAMBOST.

— 24 mars 1897. — Naissance de JEAN, fils d'HENRI DE RIVÉRIEULX, vicomte de VARAX, et de MISEL HOUITTE DE LA CHESNAIS.

— 20 mai 1897. — Mariage de JEAN, fils d'EMMANUEL DE RIVÉRIEULX, comte de VARAX, et de LUDOVIE DE JERPHANION avec MARIE-AGNÈS DE VIRIEU.

— Juin 1897. — Mort d'EMILE, fils d'EMILE DE RIVÉRIEULX et de MARIA DE CAYEU.

TABLE

Des noms de famille contenus dans ce volume

A

B

de Bectoz-Vaubonnais, 70.
de la Bégassière, 178.
de Béhague, 30, 31, 141, 222.
de Béjarry, 168.
de Béligny, 181, 182.
Bélin de Laréal, 221.
de Bellecombe, 99.
de Bellescize, 69, 70.
Bellet, 74.
Bellet de Boistrait, 115, 141.
Bellet de Cruix, 127.
Bellet de Prosny, 115, 135, 141.
Bellet de Tavernost, 46, 115, 123, 127, 128, 135, 138, 145, 178, 179, 180, 184, 216.
Bellet de Tavernost de Saint-Trivier, 119, 127, 128, 151, 154.
de Belly, 100.
Benay, 133, 197.
Benoid-Pons, 201.
Benoît, 21.
de Benoît, 77.
Benon, 159.
de Béost, 146.
Bérard, 194.
de Bérard de Goutefrey, 187.
Bérardier de la Chazotte de Grézieu, 187.
Béraud, 14.
Béraud de Resseins, 157.
de Bérenger, 200.
Berger, 209.
Berger du Sablon, 55, 171, 176.
Berger de Tronchoy, 139, 213.
Berger de la Villardière, 78.
Bergeron-Dauguy, 150, 151.
Bergiron, 115, 117.
de Berlhe, 76.
de Berlier-Tourtour, 166.
Bernard, 176, 210.
Bernard de Dompsure, 63, 202.
de Bernard de Montessus, 64.
Bernard de la Vernette, 114, 126, 138, 207, 210.

Bernard de la Vernette-Saint-Maurice, 168, 216.
Bernard de la Vernette du Villard, 177.
Bernico, 115, 130.
de Bernis, 73.
de Bernon, 193.
Bernou de Nantas, 140, 217.
Bertet de Roussas, 221.
Berthaud, 125.
Berthaud du Coin, 173.
Berthaud de Taluyers, 171, 220.
Berthaud de la Vaure, 171.
Bertheault de Noiron, 76.
Berthier, 187.
Bertholon, 48.
Berton, 15, 16, 19, 24, 114.
Bertrand de Montgay, 34.
Beschu (Le) de Champsavin, 208.
du Bessey de Contenson, 208.
Besson, 198.
de Besson des Blains, 171.
Béthenod, 220.
de Beuverand de la Loyère, 42.
de Biemme, 164.
de Biencourt, 149.
de Biliotti, 157, 178.
Billard de Saint-Laumer, 69, 152.
Billiet, 221.
Billon, 137r.
de Bimard, 182.
Birouste, 132, 191, 192.
Birouste de Mercuire, 192.
Birouste de Tourvéon, 191.
Bissuel de Saint-Victor, 183.
Bizolion, 147.
Blachon, 140.
Blanc, 56.
Blanc de Faverges, 211.
de la Blanche, 211.
de Blangy, 196.
Blauf, 16, 17.
Blein, 58.

C

D

E

F

G

K

L

M

Q

R

S

T

U

V

LYON. — IMPRIMERIE MOUGIN-RUSAND

www.ingramcontent.com/pod-product-compliance
Lightning Source LLC
Chambersburg PA
CBHW070813270326
41927CB00010B/2397